20년 한 우물 20억

20년 한 우물 20억

서두르지 않고 오래 돈 버는 '장수 창업'의 기술

유재형 지음

이콘

목표는 20억이 아닌
20년이어야 한다

복국집 사장님의 말

"20년 한 우물 파서 빌딩 못 올리면 바보다." 20년 전 IMF 시절, 지금은 얼굴도 잊힌 회사 앞 복국집 사장님의 말이다. 당시 20대였던 나는 50대 복국집 사장님의 말씀에 어처구니가 없었다. 수많은 직장인들이 일자리를 잃고, 수십 년 땀으로 일구었던 사업체가 부도나면서 방송과 신문마다 자살과 가정 해체의 뉴스가 끊이지 않던 그때, 한 우물만 파라는 그의 말은 불난 집에 부채질하는 것처럼 시원치 않았다. 세상의 돈들은 내 머리 위 까마득히 먼 곳에서 날아다니는데, 땅만 보며 한 우물만 파서 뭘 어떻게 빌딩을 올리라는 건지. 그의 말을 지금껏 잊지 않았던 건 황당해서가 아닐까?

창업 14년 차 나의 이야기

그리고 20년이 지난 지금, 나는 40대 후반의 창업 14년 차 '1인 회사' 대표가 되었다. 그동안 한 일이라고는 겨우 우리 가족 먹고살게 해준 지금의 사업체 하나 뿐이다. 사실 그간 돈도 많이 까먹었다. 지난 14년 빚 지고 빚 갚은 것 외에는 기억이 없다. 사업이라고 내세울 것도 별로 없다. 그나마 우리 업종에서 업력이 가장 긴 회사가 되었다는 점이 있는데, 이걸 어느 누가 알아줄지 모르겠다. 빛바랜 훈장처럼 말이다.

20년 한 우물 파서 20억 못 벌면 바보다

하지만 IMF 때보다 살기 어렵다는 이때, 내일을 알 수 없는 이 피 터지는 무한 창업 경쟁 시대에, 나는 20년 전 복국집 사장님의 이야기를 빌려 자신 있게 말할 수 있다. "20년 한 우물 파서 20억 못 벌면 바보다"라고 말이다. 미친놈 소리 들어도 할 수 없다. 사실이니까. 어쩌면 20억 번 사장보다 20년 한 우물 판 사장을 더 찾기 힘들지도 모른다. 창업해서 한 장소에서 한 아이템으로 20년의 업력을 쌓는다는 것이 노력만 가지고는 안 되는 일임을 창업의 쓴맛을 본 사장이라면 누구나 알 것이다. 그래서 20년 한 우물 파고 20억 못 벌었다는 사장 찾기가 더 어려울지도 모른다.

20억의 답은 20년에 있다

나는 20년 한 우물 파면 20억 번다는 근거를 제시하는 것으로 이 책을 시작하고자 한다. 그리고 그 근거를 바탕으로, "뭘 하면 20억을 벌 수 있을까?"보다는 "어떻게 하면 20년을 할 수 있을까?"에 대한 구체적인 해답을 함께 찾아가고자 한다. '20년'에 대한 해답만 찾을 수 있다면 '20억'은 자동적으로 따라오기 때문이다. 나는 책 『1인 제조(2015)』 이후 여러 곳에서 강연할 기회가 있었는데, 강연이 끝나면 가장 많이 받은 질문이 "1인 제조가 좋은 건 알겠는데, 그러면 구체적으로 뭘 해야 될까요?"였다. 이 책을 통해 무엇을 해야 할지에 대한 해답도 함께 찾아가기를 기대한다. 그렇게 본다면 이 책은 '『1인 제조』의 시즌2'일 수도 있겠다.

나는 20억 근처에도 못 갔다

나는 아직 20억을 벌지 못했다. 20억 근처에도 못 가봤다. 솔직히 앞으로도 잘 모르겠다. 하지만, 아직도 6년이라는 시간이 남아 있으니 가능성은 여전히 충분하다. 6년 후 20억 벌었음을 독자 여러분께 자랑할 수 있었으면 좋겠다. 그때까지 20억을 못 벌었다면 책 환불을 약속드려야 하나? 여하튼, 이 책은 나처럼 소심하고 새가슴이며, 모험을 기피하고 대박은 꿈도 못 꾸며, 가늘지만 긴 사업 아이템을 찾는 분들을 위한 글이다.

20억은 더이상 문제가 아니다

설령 6년 뒤에 20억을 벌지 못하더라도, 더이상 20억은 나에게 문제가 되지 않을 것이다. 그때가 되면 나는 그다음 20년을 더 수월하게 갈 수 있는 경험과 지혜를 터득했을 것이기 때문이다. 20억은 그때 벌어도 충분하다. 어차피 75세까지 일하려고 작정한 인생, 일이 문제지 돈이 문제는 아니기 때문이다. 다시 말씀드린다. 창업의 목표는 '20억'이 아닌 '20년'이어야 한다. 창업은 '얼마나 빨리 가느냐'의 속도 싸움이 아니라 '어떻게 20년을 버티느냐'의 인내 싸움이다. 돈은 내가 버티는 만큼 반드시 따라오게 되어 있다. 이 책을 보며 "맞다. 맞다" 하며 함께 무릎을 치며 공감하고, 만화책 보듯 술술 재미있게 읽는 시간이 되기를 바란다. 이 책의 한 문장 한 문장은 오늘도 나에게 닥친 현재진행형의 사건들이다.

2017년 가을
안양 인덕원에서
유재형

#01

20년 20억,
근거를 말하다

어차피 우리 모두는 몇십 년 일해야 한다

채널A에 〈서민갑부〉라는 프로그램이 있다. 우리 주변 평범한 이웃들의 기적 같은 이야기를 다룬다. 수십 년의 인내와 노력으로 몇십억 원의 부를 축적한 그들을 보며, 한편으로는 부러우면서도, 또 한편으로는 "저렇게까지?" 하는 생각이 든다. 돈은 좋지만 따라 할 엄두가 안 나는 것이다. 하지만 조금만 비틀어 생각하면 느낌이 좀 달라진다. "저렇게까지 돈을 벌어야 하나?"가 아니라 "저렇게까지 수십 년을 해야 하나?"로 질문을 바꾸면 말이다. 어차피 우리 모두는 싫든 좋든 몇십 년 일해야 한다. 그래서, 몇십억 번 그들을 보면 엄두가 안 나지만, 몇십 년 한 그들을 보면 해볼 만한 것이다. 몇십억 번 그들의 이야기는 남의 이야기 같지만, 몇십 년 한 그들의 이야기는 내 이야기일 수도 있는 것이다. 다만, 그들이 우리와 다른 점은 한 우물만 팠다는 것과 사장이라는 점이다. 나도 한번 해볼 만하지 않은가?

20억은 20년 뒤에 졸졸 따라온다

중요한 건 '20년'이지 '20억'이 아니다. 20년 한 우물만 파다보면 20억은 그냥 따라오게 되어 있다. 그렇다고 창업과 동시에 매해 1억씩 20년간 따박따박 번다는 의미는 아니다. 그런 꿈같은 사업은 세상에 없다. 코카콜라도 창업 첫해에는 다 합쳐 25병 팔았다. 20년 사업도, 처음 몇 년간은 매출은커녕 적자에 허덕이다가 가까스로 손익분기를 넘겨 몇 년 돈좀 만지는가 싶더니 또 정체기가 오고, 이걸 계속해야 하나 고민하며 버티다보면 또 몇 년 벌고, 그렇게 오르락내리락하면서 20년 가는 것이다. 20억이 찍혀 있는 통장 및 부동산 대장과 함께 말이다.

1억 자본으로 20년 뒤 20억

아래 표는 1억 원의 초기 자본으로 20년 사업해 증식된 자본을 연간 수익률과 함께 표시한 것이다. 표를 보면, 05년 60%의 성장을 정점으로 하향하다, 08~09년까지 마이너스성장을 보이고, 이후 회복하지만 15년에 다시 마이너스성장을 겪은 후 20년까지 10%대 안정세를 보이는 모형으로, 자본 1억이 20년 후에 22.7억으로 증식됨을 보여준다. 연차별 수익률을 보면 최저 −20%에서 최고 60%로, 이 정도 수익률이라면 20억은 충분히 도전해볼 만한 수치다. 물론, 전제조건이 있다. 20년을 할 수 있다면 말이다.

단위: 억 원

연차	수익	자본	연차	수익	자본
01	5%	1.1	11	30%	7.9
02	10%	1.2	12	40%	11.0
03	30%	1.5	13	30%	14.4
04	50%	2.3	14	20%	17.2
05	60%	3.6	15	-10%	15.5
06	50%	5.4	16	0%	15.5
07	30%	7.0	17	10%	17.1
08	-20%	5.6	18	10%	18.8
09	-10%	5.1	19	10%	20.6
10	20%	6.1	20	10%	22.7

표1 창업 연차에 따른 연간 수익률 모델

20년 한 우물 파도 빚만 졌다?

물론 반론을 가진 분도 많겠다. 뼈빠지게 20년 한 우물만 팠는데 20억은커녕 빚만 지게 되었다고 말이다. 때마침 신문기사에도 나온다. '20년 간 장사했는데 빚만 4억.' 헉! 읽어보니 사실이다. 여의도에서 고깃집을 운 영하는 김 모 사장님의 이야기다. 근데 기사를 꼼꼼히 읽어보니, 한 달에 월세와 관리비를 합쳐 1,900만 원! 냉정하게 말해서, 연 2억 이상을 임대 료로 고정 지출하면서 20년을 버틸 수 있는 식당은 거의 없다. 오히려 빚 4억으로 틀어막은 것이 용하다. 이 고깃집은 돈이 벌릴 때, 고정비를 줄 일 수 있는 방도를 어떻게든 강구했어야 했다. 월 800만 원씩 절약했다 면 1년에 1억, 20년간 20억이 남았을 것이다.

20억보다 20년이 어렵다

통계청 자료를 보면, 업력 10년 이내의 기업 비중이 전체의 67%인 데 비해, 업력 10년 이상은 25%, 업력 20년 이상은 8%로 떨어진다. 설문에 응하지 않은 한계기업들을 감안한다면 업력 20년 이상은 5%* 내외일 것이 다. 즉, 20개 기업이 창업하면 한 기업만이 20년 이상 살아남는 것이 다.

매출을 보면, 업력 10년 이내 기업은 연 6억인데 비해 업력 10년 이상 은 연 20억, 업력 20년 이상은 연 40억으로 껑충 뛴다(대기업 및 중견기업 은 제외). 부채를 제외한 순자산의 경우, 업력 10년 이내는 4억, 업력 10년 이상은 12억, 업력 20년 이상은 24억으로 추정된다(총자산 중 부채 비율 40% 적용 시). 이 수치는 중소기업만을 대상으로 한 것으로 가능한 적게 잡으려 노력했음에도, 20년 이상 된 기업의 순자산은 20억을 훨씬 상회한다. '20년, 20억'은 절대 꿈이 아니다.

정리하자면, 기업의 20년 생존율은 5%에 불과하지만, 일단 20년을 생존하면 20억 이상은 너끈히 버는 것이다. 문제는 20년이지 20억이 아님을 통계가 보여준다. 목표를 20억이 아닌 20년으로 잡아야 하는 이유가 여기에 있다.

단위: 억 원

업력	비중	연매출	순자산
10년 이내	67%	6	4
10년 이상	25%	20	12
20년 이상	8% (5%*)	40	24

표2 업력에 따른 기업 비중 및 연매출, 자산 현황

#02

창업 아이템,
일평생 많아야
두 개다

한 시간 다이소DAISO 투어

예비창업자들은 크게 두 부류로 나뉜다. 눈을 씻고 찾아봐도 할 일이 없다는 부류와 세상은 넓고 할 일은 많다는 부류다. 먼저 전자의 경우라면 '한 시간 다이소 투어'를 제안한다. 가까운 다이소 매장을 방문해 진열대에 놓인 제품들을 하나씩 꼼꼼히 살펴보며 각 제품의 개선점들을 메모장에 적어보는 거다. 점원이 이상하게 생각할 수도 있으니 큰 매장을 방문하는 게 좋겠다. 한 시간 정도 돌아다니다보면 "세상엔 제대로 된 물건이 의외로 많지 않구나!" 하고 깨닫게 될 것이다. 오해의 소지가 있을 수 있으니 덧붙이자면, 다이소 물건이 나쁘다는 게 아니다. 괜찮은 다이소 제품에서조차 개선할 점들이 많음을 직접 확인해보라는 것이다. 당신이 찾아낸 개선할 모든 점들이 바로 '해볼 만한 일'이다.

창업은 메뚜기가 아니다

오히려 문제는 세상은 넓고 할 일은 많다는 부류다. 이들에겐 온 세상이 다 사업거리라, 이 아이템에서 저 아이템으로 메뚜기처럼 옮겨다닌다. 10여 년 전만 해도 몇 년 사업하다 아니다 싶으면 '아니면 말고' 식으로 갈아엎는 것이 일반적이었고, 별문제 없이 새로운 업종으로 옮겨 탈 수도 있었다. 우리 아버지 세대만 하더라도 평생 대여섯 가지 이상의 아이템을 사업화했다며 다방면에서 전문가임을 자부하는 분들이 한두 명이 아니다(물론 돈 번 분들은 별로 못 봤지만 말이다). 사실은 지금도 유행을 좇아 이 업종 저 업종 갈아타는 창업자들이 적지 않다. 하지만 분명한 건, 이제는 평생 제대로 해볼 수 있는 아이템이 많아야 두 개라는 점이다. 그 이상을 감당해낼 수 있는 능력자는 이제 거의 없다. 평생 한 가지 분야에서 인정받기도 어려워졌기 때문이다. 세상 살기 힘들어졌다.

일평생 한 개 아이템도 제대로 하기 힘들다

학습곡선 이론Learning curve theory이 있다. 학습 초기엔 실력이 금세 늘다가 어느 시점부터는 아무리 노력해도 실력이 향상되지 않는 것이다. 공부도, 운동도, 일도 어느 단계부터는 쉽사리 진도가 나가지 않는다. 하면 할수록 모르겠고 가면 갈수록 어려워지는 것이다. 한 나라의 산업구조도 마찬가지다. 저低개발 단계에서는 조금만 노력해도 전문가가 되기 쉬웠다. 그만큼 전반적인 산업 수준이 낮기 때문이다. 그래서 일생 동안 여러 분야의 전문가가 되는 데 큰 어려움이 없었고, 기업들도 문어발식 사업 확장이 가능했던 것이다. 하지만 산업구조가 성숙함에 따라 한 분야의 전문가가 되는 데 과거에 비해 몇 배의 노력과 시간이 필요하게 되었다. 이제는 무엇을 하든 한 분야에 최소 10년은 붙어 있어야 '그 바닥'을 좀 안다고 인정받는다. 제대로 알려면 20년은 파야 전문가 소리를 듣는 시대가 왔다. 그래서 일평생 두 개, 아니 한 개의 아이템을 사업화하는 것도 벅찬 것이다.

세상은 보이는 것처럼 빠르게 변하지 않는다

지금도 여러 가지 일을 동시에 하거나 자주 업을 바꾸는 사람들이 있다. 하지만 그들의 일을 보면 오랜 경험이나 기술 습득이 필요 없는 프랜차이즈 사업이나 낮은 부가가치 업종이 대부분이다. 당연히 그들의 사업수명은 짧다. 누구나 쉽게 뛰어들 수 있기 때문이다. 그들은 이렇게 말할지도 모른다. "세상이 이렇게 빠르게 변하는데 한 업종만 해서 어떻게 성공하냐?"고 말이다. 하지만 수명이 짧은 업들로만 옮겨다니니 세상이 빨리 변하는 것처럼 느껴지는 것이다. 세상은 생각처럼 빠르게 변하지 않는다(앞으로 이 문장은 이 책에서 수십 번 반복될 것이다). 사람은 기계가 아니다. 빨리 변할 수가 없다. 스마트폰을 예로 들어보자. 3년 전에 비해 그 기능과 사양은 많이 변한 것 같지만, 실제 우리가 사용하는 기능은 3년 전에 비해 크게 달라지지 않았다. 실제는 눈에 보이는 것처럼 빠르게 변하지 않는다. 변화의 허상만 좇다보면 정말 고객이 원하는 본질을 놓치게 된다.

창업할 때와 폐업할 때 에너지 소모가 가장 크다

한 업종에 20년 올인하는 것을 두려워하지 마라. 어차피 그러지 않고서는 성공할 수 없는 시대에 우리는 살고 있다. 누구나 일을 위해 사용할 수 있는 평생의 에너지는 일회용 배터리처럼 용량이 정해져 있다. 그렇다면 언제 에너지를 가장 많이 소모할까? 비행기가 이착륙할 때 연료 소모가 가장 큰 것처럼 사업 역시 창업할 때와 폐업할 때 에너지 소모가 가장 크다고 할 수 있다. 결국 창업과 폐업을 반복하는 사람은 자신의 배터리

용량을 이착륙하는 데 다 써버리는 것이다. 정작 중요한 비행에는 제대로 써보지도 못하고 말이다.

#03

창업, 이젠
가늘고 길게 가자

거부할 수 없는 제안?

당신이 가게를 차린 지 5년 만에 매년 1억씩 따박따박 매출을 올리는 안정궤도에 올랐다고 하자. 그런데 어느 날 누군가 찾아와 현금 20억에 가게를 팔라고 한다. 앞으로 동일 업종에는 평생 손을 뗀다는 조건으로 말이다. 당신은 이 제안을 수용하겠는가? 아니면 거절하겠는가? 이런 것도 질문이냐고 할지 모르겠다. 앞으로 어찌될지 모르는 매년 1억보다는 당장의 현금 20억이 당연히 좋지 않느냐고 말이다.

조금만 더 생각해보자

하지만 조금 더 생각해보면 그리 쉽게 답할 수 있는 문제가 아니다. 20억이라 해도 1%대 금리를 감안하면 연 3,000만 원밖에 안된다. 생활이 어렵겠다. 그렇다면 건물 임대업은? 20억짜리 건물 한 채 사서 월세 받고 살면 되지 하겠지만 그게 말처럼 제때 딱딱 입금되는 ATM은 아니다. 임대업이 쉽다면 다들 저금리로 대출받아 건물을 살 텐데 왜 강남에 매물로 나온 건물들이 널렸겠는가? 그렇다면 주식이나 후순위채권 같은 고수익 증권은? 이건 정말 한번 삐끗하면 원금까지 다 날려 먹을 수 있다. 그럼 20억을 밑천으로 다시 창업에 도전하는 건? 일단 예전에 하던 사업은 평생 손을 떼기로 했으니, 아예 새로운 걸 해야 되는데 이게 말처럼 쉽지가 않다. 이것 역시 자칫 한 방에 훅 갈 수 있다.

나는 오래 버는 옵션을 택한다

나라면, 고민 좀 하다가 20억 제안은 거절하고 그냥 하던 가게나 열심히 하겠다. 내가 새가슴이기도 하지만 계산기 두드려봐도 이게 현명한 판단일 것 같다. 이젠 한 방에 크게 버는 것보다 오래 버는 것이 중요한 세상이 되었으니 말이다. 백세 시대를 살기 위한 평생직장이라는 의미도 있겠지만 나는 그것보다 요즘 같은 '저금리 시대'에는 가늘고 길게 가는 사업이 결국 남는 장사라는 것을 강조하고 싶다.

한 살이라도 젊을 때의 선택을 믿어라

사람은 한 살이라도 젊을 때 더 높이 더 멀리 본다. 그리고 한 뼘이라도 더 멀리 볼 수 있을 때 선택했던 창업 아이템이, 한 뼘이라도 더 훌륭한 선택일 가능성이 높다. 사업 아이템을 바꿔봤자 바꾼 횟수만큼 나이만 먹게 되고, 딱 그 나이 때 생각할 수 있는 수준의 '늙은 사업'밖에 떠올리지 못한다. 그래서 나이든 어르신들이 "젊을 때 힘들다고 포기했던 그 일 그냥 계속할 것을…" 하며 땅을 치고 후회하는 것이다. 한 살이라도 젊었을 때 결정한 나의 사업적 판단을 믿어라. 그때의 판단이 최선이었다고 믿고, 그 일을 끝까지 준비하라. 오늘 한 나의 판단보다 어제 한 나의 판단이 딱 하루 차이만큼 더 괜찮다.

뼈까지 빨아먹어라

한번 시작한 사업은 곰탕 우리듯 끝까지 우려먹어야 한다. "아직도 이런 걸 팔아?" "아직도 이런 걸 서비스 중이야?" 주변에서 이렇게 비웃어도 끝까지 붙잡고 있어라. 바로 그 '우려먹는 곰탕' 마인드로 업을 지키면 단골은 절대 끊이지 않는다. 히트곡 하나로 평생 우려먹는 미사리 가수가 한번 떠보겠다고 유행하는 장르만 공략하다 돈도 날리고 이미지도 날리는 가수보다 훨씬 낫다. 사업, 별거 아니다. 이러지도 저러지도 못하니 그냥 하고 있는 것이 사업이다. 다시 태어나면 절대 안 하겠지만 건강이 허락하는 한 끝까지 할 수밖에 없는 것이 사업인 것이다.

금金과 같이 가늘고 길게 뽑아라

그렇다면 어떻게 가늘고 길게 20년을 갈 수 있을까? 모든 금속 중 전성(얇게 펴지는 성질)과 연성(길게 뽑아지는 성질)이 가장 높은 금속인 금을 그대로 닮으면 된다. 금은 순도 99.9%에서 1만분의 1밀리미터까지 얇게 펴질 수 있으며, 금 1그램으로 3킬로미터까지 실로 뽑을 수 있다. 금은 급격한 형태의 변화에도 금 내부의 자유전자(-)가 원자(+)를 놓지 않고 어떤 위치에서도 단단히 붙잡고 있기 때문이다. 창업도 마찬가지다. 가늘고 길게 뽑으려면 외부에서 어떠한 환경 변화가 있어도 내 업을 단단히 붙잡고 있어야 한다. 아무리 두드리고 짓이겨도, 유연하게 대처하며 본업을 끝까지 놓지 않는 것이 20년 장수의 비결인 것이다.

사업과 병풍은 너무 펼치면 쓰러진다

장수를 위해선 극한의 자기 절제가 필요하다. 백을 보지만 열을 고민하고 하나만 고치는 절제가 나의 업을 계속하게 만든다. 사업을 하려면 평범하고 단조로운 일상에 익숙해져야 한다. 바다가 주는 대로 받기만 했더니 30년이 되었다는 멸치잡이 선장의 이야기처럼, 그냥 주는 대로 감사하게 받는 것이 사업인 것이다. 끝도 없는 단조로움 속에서 감지할 수 있는 작은 동적 리듬감을 즐기며 이에 적응해야 한다. "사업과 병풍은 너무 펼치면 쓰러진다"는 300년 된 일본의 한 철물상의 사훈처럼 사업을 펼쳐지르고 싶은 마음을 억제해야 한다. 자유전자는 아무리 자유로워도 금 안에 있기 때문에 가는 금실을 뽑는 것이다. 자유전자가 금 밖으로 튀어나가는 순간 금실은 끊어진다. 내 본업에서 튀쳐나가는 순간 나의 업도 끊어지는 법이다.

#04

20년 한 우물,
부러울 게 없다

동네를 대표하는 간판들

지역과 메뉴는 다르지만 동네를 상징하는 대표 간판들이 있다. '40년 장충동 원조 족발'처럼 '업력 + 지명 + 메뉴'로 이루어진 간판을 유지하며, 한곳에 하나의 메뉴로 붙박여 있다는 것은 정말 말처럼 쉬운 일이 아니다. 우리가 흔히 지나치는 이런 간판들이 얼마나 소중한지는 창업의 쓴맛을 본 사장들은 알 것이다. 많은 창업자들이 돈보다 더 갖고 싶은 것이 이 간판이다. 나라면 대기업 임원보다 이 간판을 택하겠다.

자주 이사할수록 폐업률은 높아진다

한 장소에서 20년을 한다는 건 단지 장사만 잘한다고 되는 일은 아니다. 나 혼자 잘해서는 한곳에 20년 있을 수 없다. 고객들과는 물론이고 주변 상인들과 환경미화원, 주차단속원, 각종 관공서 직원들까지 매일같이 부딪힐 수밖에 없는 사람들과의 관계가 정말 중요한데 이게 말처럼 쉬운 일이 아니다. 동네에서 한번 왕따당하기 시작하면 1년도 버텨내기 힘들다. 학교에서의 왕따는 아무것도 아니다. 일단 한 장소에 붙박여 있다 보면 그만큼 사업의 생존율도 높아진다. 버지니아 대학 오이시Shigehiro Oishi 교수에 따르면 어릴 적 이사를 자주 한 성인들의 경우 사망률이 최대 2.5배까지 높아진다고 한다. 사업도 마찬가지다. 창업 초기 사업체의 잦은 이전은 에너지 소모와 스트레스를 유발하고 그만큼 폐업률도 높인다.

장소는 사업을 대표하는 요소다

장소만큼 추억을 되살리는 요소는 없다. 소개팅으로 만나 잘된 커플은 반드시 처음 만났을 때의 그 장소를 한번 더 가본다. 심지어 실연 후에도 한번 더 가게 되어 있다. 나는 서울 장충동 근처만 가면 조건반사적으로 침이 넘어가는데, 그 이유는 태극당(1946년 개업해 1974년 현재 위치로 이전) 사라다빵에 대한 추억 때문이다. 몸안에 내비게이션이 있는지 그 근처만 가면 사라다빵이 생각난다. 우리는 거래처를 부를 때도 회사 이름보다는 그 거래처가 위치한 지역을 부르는 것이 더 편할 때가 많다. 서로 간의 친밀도를 보려면, 그들의 대화 중 고유명사가 아닌 지역으로 얼마나 많은 소통이 되는가를 보면 알 수 있다. 아마도 부부 간에 시댁과 처가댁을 부를 때 지역으로 통칭하는 경우가 99%일 것이다. 장소는 그만큼 중요하다.

기술보다는 성품이다

한 아이템을 10년 이상 하다보면 학위나 경력에 상관없이, 기술에 있어서 자타가 공인하는 전문가가 된다. 하지만 20년을 버티는 데 중요한 건 기술보다는 성품이다. 자신의 일에 철저한지, 끊임없는 반복을 인내할 수 있는지, 될 듯 안되도 느긋하게 견뎌낼 수 있는지, 억울하게 욕을 먹어도 내 탓으로 돌리는지, 자신의 노력을 돈보다는 품질로 보상받고자 하는지, 자기 분야에 대해 끊임없는 호기심을 가지고 있는지 말이다. 만일 이런 성품을 지녔다면 20년은 거뜬히 이겨낸다. 이런 사람들은 고객의 신뢰와 인정이 없으면 살 수 없는 사람들이다. 돈은 그다음 문제다.

20년을 같은 나이로 사는 것

한 장소에서 한 아이템을 20년 동안 한다는 건 그 자체만으로 창업자를 젊게 만든다. 하버드 대학 엘런 랭거Ellen Jane Langer 교수에 의하면 70대 노인들에게 20년 전 작업환경을 똑같이 만들어주고 50대 때의 일을 다시 하게 했더니 당시의 작업능률을 그대로 보였다고 한다. 20년을 늘 같은 작업환경에서, 같은 일을 한다는 건 정말 큰 축복이다. 조금 과장하자면 그 사람은 창업 때부터 20년을 창업 당시의 나이로 살고 있는 것이나 다름없다. 이런 활력이 20억보다 더 소중하지 않은가? 그래서 '40년 장충동 원조 족발'의 간판이 부러운 것이다.

궁하면 통한다

한 우물을 파야 한다. 그냥 파는 게 아니라 제대로 파야 한다. 파다가 바위가 나오면 돌아가더라도 계속 파야 한다. 파는 척만 하니까 깨지지도 않을 바위 위에 계속 삽질만 하는 것이다. 한 우물은 직진이 아니다. 때로는 돌아갈 때도 있고, 때로는 두 갈래로 갈라질 때도 있는 것이다. 마지막에 한 방향으로 모이기만 하면 된다. 뜨개질 19년 만에 서울 명동의 25억짜리 건물주가 된 사장님의 이야기가 있다. 야구선수 시절 기차 사고로 다리를 잃고 할 수 있는 것이 엄마 어깨너머로 배운 뜨개질밖에 없었다고 한다. 남자가 뜨개질을 하면 곁눈질로 눈치를 주던 그 시절에, 심지어 한 덩치 하던 그가 뜨개질을 시작한 것이다. 겨울 성수기엔 자신이 뜨개질한 제품을 팔고, 여름 비수기엔 뜨개질 강습과 실장사를 하며 두 우물 같은 한 우물을 파왔다. 어떻게 이런 아이디어를 생각하게 됐냐고? 촉망받던 야구선수가 뜨개질로 먹고살아야 되는데 무슨 생각을 못하겠는가? 궁하면 다 통하게 되어 있다.

#05

멀리 가려면
혼자 가라

이기적인 조직이 더 문제다

"빨리 가려면 혼자 가고 멀리 가려면 함께 가라" 누구나 한 번쯤 들어 봤을 이 아프리카 속담은 잘못 해석하면 100% 틀린 말이다. 이 속담은 이기심만으로는 오래가지 못함을 경고하지만, 사실 진짜 큰 문제는 이기 적인 개인이 아닌 이기적인 조직이다. 개인보다 조직을 강조할수록, 개인 의 자율성보다 조직을 위한 충성만을 강요할수록, 그 조직은 협력 하청 업체나 개별 소비자들에게는 안하무인격의 집단이기주의 행태를 보인다. 그래서 조폭 보스 같은 리더일수록 조직에 대한 충성심을 강조하려고 이 속담을 즐겨 쓴다. 누가 이 속담을 쓰느냐에 따라 해석이 100% 달라지는 것이다. 이기적인 조직이야말로 '혼자 가는 자'다. 이런 조직은 당연히 멀리 가지 못한다.

오래가려면 혼자 가라

이에 비해 작고 약한 조직은 무시하려야 무시할 상대도, 이기적이려야 이기적일 수도 없다. 치면 치는 대로 펴지고 뽑으면 뽑는 대로 실이 되는 금과 같은 조직이다. 이런 조직은 직원 수가 한두 명이고 많아야 서넛이다. 이들은 이기적인 큰 조직에 비해, 외부와의 협업 없이는 하루도 살아갈 수가 없다. 항상 눈치만 보며 겸손할 수밖에 없는 이들이 20년을 간다. 큰 조직이 사내 정치하느라 눈치보고 갈등하며 썩어가는 사이에 혼자 가는 이들은 천천히, 하지만 멀리 가는 것이다. 오스트리아의 여행 칼럼니스트 카트린 지타Katrin Zita는 그의 책에서 "함께 사랑하되 여행은 각자하라"고 제안한다. 함께 여행하는 시간이 길어질수록 동반자와의 갈등과 스트레스가 커질 수밖에 없기 때문에, 장거리여행일수록 혼자 가라는 것이다.

장수하는 기업은 체중이 그대로다

42.195킬로미터를 뛰는 마라토너와 100미터를 뛰는 스프린터를 비교해보자. 폭발적인 스퍼트Spurt가 필요한 스프린터는 크고 강한 근육이 필요한 데 비해, 강한 지구력이 필요한 마라토너는 깡마르고 왜소하다. 마라토너의 체격은 그의 체중을 키로 나누었을 때, 0.33에서 0.36 사이에 들어올 때 가장 이상적이라고 한다. 0.36을 넘어가는 순간 선수 생명은 끝나는 것이다. 그래서 훌륭한 마라토너는 삶 자체가 일정한 체중을 유지하는 마라톤이다. 20년을 가는 사업은 바로 이런 마라토너가 되어야 한다. 쓸데없는 근육과 지방은 오히려 독毒이다. 장수하는 기업의 재무제표를 보면 자산(근육)도 부채(지방)도 적다. 사업이 성장해도 자산과 부채 비중은 그대로거나 오히려 줄어든다. 신기하게도 이런 회사의 사장들 역시 실제 체중을 재보면 20년간 거의 변화가 없다. 20년 전 사진과 비교해봐도 모습에 차이가 없다. 사업을 잘하고 있는지 확인하고 싶다면 사장의 모습을 봐라. 외모가 예전과 그대로라면 그는 무난히 자리잡고 있다는 증거다. 반대로 창업 때에 비해 체중이 10% 이상 늘었다면 몸과 사업 모두에 문제가 있다는 신호다.

오래가려면 치어리더가 있어야 한다

20년 한 우물이란 결국 시간을 잊는 훈련이다. 절제하고 잘 버려야 끝까지 같은 페이스로 결승점을 훌쩍 통과할 수 있다. 그러려면 20년이라는 기나긴 코스 내내 곁에서 항상 박수 쳐주는 응원자가 있어야 한다. 42.195킬로미터는 '팬심'의 힘으로 가는 것이다. 내가 뒤처져 있어도 나를 계속 응원해주는 사람, 환호하던 팬들이 모두 떠나도 끝까지 남을 한 사람, 그 사람은 결국 나의 가족 뿐이다.

사장의 몸속엔 나침반이 있다

한편, 이정표도 없는 마라톤코스를 뛰면서 '내가 정말 맞는 길로 가고 있는지'에 대한 불안감도 극복해야 할 과제다. 우리는 창업한 그 순간부터 '가야 할지 말아야 할지, 맞는 방향으로 가고 있는지'를 매일 고민하게 되어 있다. 하지만 걱정하지 마라. 지금 내 업에 최선을 다하고 있다면, 내 몸속엔 '정확한 방향을 알려주는 나침반'이 만들어지고 있다. 이 나침반이 나를 다잡아가며 20년 결승점을 향해 정확히 나아가게 할 것이다.

차라리 비주류 왕따가 되라

마라토너의 외로움 역시 극복해야 할 과제다. 업종의 왕따(또는 스타)가 되는 것도 각오해야 한다. 왕따들이 장수하는 사례는 너무나도 많다. 일본의 고도古都 교토는 옛 수도라는 자존심도 무색하게 일본 경제의 본류인 도쿄에 밀려 소외되었다. 하지만 주류에서 밀려나 중앙의 어떤 경제적 지원도 받을 수 없었기에 창업자들은 무차입 경영을 할 수밖에 없었고, 품질에 주력할 수밖에 없었으며, 해외 협력에 적극적으로 나설 수밖에 없었다. 일본 내 200년 이상 된 가게 3,000여 개 중 1,600여 개가 교토에 위치하고 있고, 일본 불황기에 글로벌기업으로 부상한 업체들 중 다수(요지야 기름종이, 닌텐도 등)가 교토에 위치한 데에는 다 이유가 있는 것이다. 다시 말하지만, 멀리 가려면 혼자 가라.

#06

끝을 보는 것이
창업의 시작이다

못하는 일을 하면 망한다

창업의 첫번째 관문이 뭐냐고 묻는다면 나는 '자신의 장점을 아는 것' 이라고 하겠다. 그다음 관문이 뭐냐고 묻는다면 주저 없이 '자신의 단점 을 아는 것'이라 하겠다. 뭐 이런 싱거운 답변이 다 있나 하겠지만, 실제 자신의 장단점을 제대로 아는 사람은 창업에 성공한 사람만큼이나 드물 다. 사실 지금까지 자신이 알고 있던 나의 장단점은 주위의 기대와 필요 그리고 타인에게 인정받고자 하는 나의 욕구로 만들어진 경우가 대부분 이다. 그래서 평생 자신의 장단점을 모른 채 살아가는 사람들이 의외로 많다. 창업에 성공하려면 내가 잘하는 일은 내가 하고, 못하는 일은 타인의 도움을 받아야 하는데, 잘하는 일은 남에게 시키고 못하는 일만 죽어라 하니 망하는 것이다.

죽을 각오로 혼자 시작하라

그런데 나의 장단점을 아는 것은 말처럼 쉬운 일이 아니다. 이것을 제대로 알려면 죽이 되든 밥이 되든 일단 혼자 시작해야 한다. 사업의 세세한 부분까지 스스로 챙겨야 하는 것이다. 해보지도 않은 그 많은 일을 어떻게 혼자 하냐고? 죽었다 생각하고 죽기 일보 직전까지 혼자 해봐야 한다. 이렇게 혼자 모든 걸 해볼 수 있는 기회, 그래서 내가 잘하고 못하는 것이 무엇인지를 스스로 파악할 수 있는 기회는 창업 초기밖에 없다. 해보다가 도저히 안 되겠으면 그때 직원을 구해도 늦지 않다. 나의 능력은 언제나 나의 예상을 초월한다. 혼자 해보기 전엔 나의 장점도 단점도, 나의 능력의 한계도 모른다. 나의 끝을 보는 것이 창업의 시작인 것이다.

매도 먼저 맞는 게 축복이다

모든 사업은 사업마다 독특한 위기 패턴이 있다. 이런 위기는 아무리 사전에 경고해도 피할 수 없다. 직접 겪고 나서야 면역이 생긴다. 평생 한

번은 겪어야 하는 홍역과 같은 것이다. 그런 면에서 위기는 한 살이라도 젊을 때 겪는 것이 유리하다. 어차피 맞을 매라면 맷집이 받쳐줄 때 맞는 것이 낫기 때문이다. 이왕이면 창업 초기에 한번에 몰아 맞는 것도 좋겠다. 어차피 누구나 다 겪을 일이니까, 일찍 매맞는 만큼 유리한 위치를 선점할 수 있다. 그래서 한 우물을 파는 것이 좋다는 것이다. 딴 우물을 판다는 건 이전 우물과는 다른 종류의 위기 패턴을, 더 늦은 나이에 겪어야 하기 때문이다. 애리조나 대학의 마이클 워로베이Michael Worobey 교수에 따르면 '5살 이하에 Type I 독감에 걸린 환자는 5살 이후에 걸린 환자에 비해, 이 독감에 다시 걸렸을 때 사망률이 85%까지 감소한다'고 한다. 독감도 어릴 때 걸려야 같은 독감에 다시 걸렸을 때 생존율이 훨씬 높아진단다. 마찬가지로, 한 살이라도 젊었을 때 위기를 겪은 창업자는 같은 종류의 위기를 다시 겪을 때 생존율이 훨씬 높아진다. 그래서 한 우물을 파야 위기를 겪어도 동일한 위기를 다시 겪게 되고 사망률도 85%까지 줄일 수 있는 것이다.

창업 면역력을 기르자

그럼 나이 먹은 창업자는 독감에 걸리면 죽어야 하는가? 그럴 순 없다. 면역력을 길러야 한다. 이를 위해선 첫째, 잘하는 걸 해야 한다. 못하는 것, 익숙하지 않은 것, 죽어도 하기 싫은 것을 하면 면역력이 뚝뚝 떨어진다. 어린 시절부터 지금까지 자신의 모습을 파노라마처럼 돌아보라.

본인을 가장 열광시켰던 그것, 가장 잘하고 익숙했던 그것이 나의 면역력을 높인다. 둘째, 두려움은 면역력을 떨어뜨린다. 창업은 피해갈 수 없는 인생의 필수코스임을 인정하고 담담하게 받아들여라. 초저금리 시대, 이제는 최소한의 리스크를 감당하지 않으면 최저 소득도 보장받을 수 없다. 감당해야 할 리스크에는 ①내가 통제하고 예측 가능한 리스크와 ②내가 통제할 수 없는 리스크가 있는데, 상장(또는 비상장) 주식 투자가 ②에 가깝다면 창업은 ①에 더 가깝다. 창업이란 내 회사의 주식에 투자하는 것인데, 남의 회사 주식에 투자하는 것보다는 더 통제 및 예측이 가능하지 않을까? 창업은 이제 삶에서 옵션이 아닌 필수코스가 되었다.

창업, 정말 맞는 길일까?

창업이 인생의 필수코스라는 점에 대해 고개가 끄덕여지다가도 마음에 걸리는 세 가지가 있다. 첫째, "한 가지 아이템에 20년 올인하기엔 인생이 너무 아깝지 않은가?" 이에 대한 반론이 "한 가지 아이템만 제대로 하기에도 인생이 너무 짧지 않은가?"다. 결국 둘 중에 무엇을 선택하느냐의 문제인데, 운명의 신은 대부분 후자의 손을 들어준다. 잘하는 것만 하기에도 20년은 너무 짧은 것이다. 둘째 "20년을 채웠음에도 20억은커녕 여전히 힘든 사장들이 많지 않은가?" 맞는 말이다. 하지만 그들에게 물어봐라. 20년간 정말 돈 벌 기회가 없었는지 말이다. "술값으로 아파트 한 채 날렸지" 또는 "그때 투자만 안 했어도 지금 빌딩 하나 샀지" 하지 않는 사장들이 거의 없을 것이다. 셋째, "요즘 창업해서 부자됐다는 사장 찾아보기 힘들다." 것도 맞는 말이다. 이제 우리나라의 산업구조도 완숙기로 접어들면서 창업 환경도 선진국의 안정적 점진적 성장 패턴으로 변했다. 그래서 이젠 '안 되면 되게 하라' 식의 스피드 대박 성공신화를 생각한다면 창업하면 안 된다. 창업에서는 "안 되는 건 안 된다"고 말하는 것이 성공의 첩경이다. 다시 강조하지만 이제 창업은 "누가 천천히 가느냐"로 그 게임의 룰이 바뀌었다.

점점 사장 태가 난다

창업은 나의 밑바닥을 보는 훈련이다. 극한의 어려움 속에 내가 몰랐던 나의 모습을 마주치게 된다. 정말 지질하고 한심한 모습. 이런 최악의 나 자신을 대면하는 것도 창업에 있어 겪어내야 할 필수코스 중 하나다. 그런 형편없는 나와의 대면에 익숙해지다보면 어느새 사업에 대한 불평불만이 없어진다. "누구를 탓하겠나? 다 내 탓이지"라고 하며 받아들인다. 작은 일에 일희일비하지도 않는다. 말수도 줄어든다. 그러면서 점점 사장 태가 나는 것이다.

#07

프랜차이즈 사업은
단명_{短命}한다

프랜차이즈 본사는 창업 천사가 아니다

장사에 있어 불변의 3원칙이 있다. ①누구도 공짜로 내 돈을 벌어주지 않는다. ②누구도 공짜로 장사 노하우를 가르쳐주지 않는다. ③동업은 언젠가 깨진다. 이 세 가지 당연한 원칙을 잊었을 때 선택하는 창업 아이템이 바로 프랜차이즈 가맹사업이다. 프랜차이즈 본사가 내 돈 벌어주는 천사 같기도 하고, 공짜로 사업 노하우를 가르쳐주는 멘토 같기도 하고, 나를 도와주는 동업자 같기도 하지만, 그건 내 희망일 뿐이다. '프랜차이즈 사업은 길어야 5년'이라는 신문기사를 인용하지 않더라도, 본사 입장에서 생각해보면 단기간 점포 수 확장 및 외형 확대가 1순위 목표일 것이고, 개별 가맹점의 생사는 우선순위에서 뒤로 밀릴 수밖에 없다. 프랜차이즈는 대규모 광고와 원재료 확보를 위한 초기 투자가 클 수밖에 없기 때문에 이를 회수하기 위한 초고속 점포 확산 전략이 살아남기 위한 생존 전략인 것이다. 이런 확산 전략 속에서 본사는 가맹점이 죽든 살든 뒷짐이나 지고 있을 것이고, 가맹점에 제공되는 원자재, 부자재의 품질 역시 사업 확장 속도만큼이나 수준 이하로 떨어질 수밖에 없는 것이다.

오래가는 가게들은 본점 또는 직영점이다

그래서 요즘 깐깐한 고객들은 식당을 찾을 때 그곳이 분점 없이 본점만 운영하는 곳인지, 직영점인지 가맹점인지부터 확인한다. 제품을 고를 때 브랜드보다 원산지부터 확인하는 것처럼 말이다. 최근 1조 클럽에 이름을 올린 세 회사―스타벅스코리아, CJ올리브영, FRL코리아(유니클로)―의 공통점은 모두 직영 체제라는 점이다. 물론 셋 다 대기업 계열이라는 단서가 붙지만 말이다. 사실 직영점 체제가 프랜차이즈에 비해 확장 속도는 느리지만 그 수명은 훨씬 길다. 1958년에 개업한 중국집 복성각이 마포 본점에 이어 서울역점, 덕수궁점 모두 직영으로 오픈한 것, 1964년에 개업한 왕십리 대도식당이 우여곡절 끝에 프랜차이즈 사업을 접고 대기업에 인수되어 직영 체제로 전환된 것 모두 최근 주목할 만한 추세다.

프랜차이즈 사업은 올가미다

본사 입장에서는 단기간 많은 가맹점을 모집해야 하므로 당연히 그들의 사업 아이템은 최신 유행을 따르지 않을 수 없다. 그리고 그들의 최첨단 사업설명회는 귀 얇은 예비창업자들의 마음을 아주 친절하게 뒤흔든다. 혹자는 가맹점으로 몇 년 경험을 쌓다가 자기 가게를 차리겠다고 하는데, 이를 그냥 두고 볼 프랜차이즈 본사는 없다. 가맹점을 내주면서 점주에게 아주 비싼 수업료를 치르게 하여 막상 자신의 가게를 차리려고 하면 '본전 생각' 때문에 울며 겨자 먹기로 하던 가맹점을 계속하게 만들거나, 스스로 가게를 차리는 데 필요한 핵심 노하우는 전혀 가르쳐주지 않는 것이다. 물론 가맹점을 하다가 자신의 가게를 차려 성공한 사례들도 있다. 이런 가게들을 보면 대부분 가맹점을 안 했어도 성공했을 사장님들이다.

장수하는 가게는 구매부터 다르다

최근엔 프랜차이즈 대신 협동조합 설립이 대세다. 기존 프랜차이즈의 본사 독식 구조는 타파하면서 공동구매의 장점은 살리겠다는 사업 모델이다. 하지만 이것도 결국엔 프랜차이즈의 한 형태가 아닌가 싶다. 사업은 서로 섞이고 닮아가면 죽도 밥도 안 된다. 재료의 구매 하나도 내가 직접 해야 그것이 진짜 내 물건, 내 노하우가 되고 장수할 수 있는 것이다. 저렴한 공동구매보다 다소 비싸도 독특한 나만의 재료가 중요하다. 세계 최장수 레스토랑 중 하나로 미국 포브스Forbes가 선정한 전 세계 고전적 식당 1위로 선정된 영국 런던의 심슨스 인 더 스트랜드(Simpsons in the Strand, 1828년)에는 창업 때부터 지금까지 내려오는 두 가지 철칙이 있다. 첫번째는 100% 영국산, 두번째는 100% 제철음식이다. 오래가는 가게는 구매부터 차이가 난다.

품질만이 장사의 수명을 결정한다

간판 큰 가게 오래가는 거 봤나? 프랜차이즈는 간판이 크다. 대로변에 위치해 오래가는 가게 봤나? 프랜차이즈는 대로변에 있다. 요즘 유행하는 무한리필 식당들, 양으로 승부하는 이들 사업도 오래가지 못한다. 오직 품질만이 가게의 수명을 좌우한다. 그럼에도 프랜차이즈 가맹점을 굳이 하겠다면 그 업종의 1등이면서 최소 10년 이상 생존한 프랜차이즈를 선택하길 권한다. 어쩌면 초기 가맹 비용은 가장 비쌀지도 모른다. 또 자격 조건과 교육과정도 가장 까다로울지 모르겠다. 하지만 결국 투자한 만큼 배우고, 배운 만큼 리스크도 줄일 수 있다. 다만 이 경우에도, '20년 20억'의 꿈은 접어야겠다. 본사는 가맹점이 오래도록 편히 돈 벌게 가만 놔두지 않기 때문이다. 장사 불변의 3원칙을 다시 한번 읽어보시라.

#08

기회도 네 번,
위기도 네 번

위기는 매일 온다

창업 14년 차, 위기는 수도 없이 넘긴 것 같은데 기회라 부를 만한 건 딱히 없다. 솔직히 제목을 '기회는 없고 위기는 매일 온다'라고 하려 했다. 요즘 같은 어려운 경제 상황에서는 매일매일이 위기다. 하지만 그간의 위기들을 돌이켜보면 희한한 공식이 하나 있는데 위기의 대부분이 어느 날 저절로 알아서 해결된다는 것이다. SF 영화를 보면 외계인의 공격으로 인류가 멸망 직전까지 갔다가, 무슨 이유에선지 외계인들이 갑자기 다 죽고 철수하는 상황이 발생하는데 이와 똑같다. 이런 위기는 위기라 부를 수 없다. 내가 통제할 수도, 해결할 수도 없기 때문이다. 스스로 와서 스스로 가는 위기는 위기가 아니라 그냥 운명이다. 이런 것들을 제외한 진짜 위기는 창업 20년 중 네 번 온다.

두 번의 위기

첫번째 위기는 손익분기점(Break-Even Point, 이하 BEP)의 문턱에서 온다. 창업 후 BEP까지가 가장 고통스러운 시간이다. 등산할 때의 깔딱고개가 바로 이 지점이다. 포기할까 고민이 가장 많은 때이기도 하다. 누구는 이 위기를 아주 쉽게 넘기기도 하는데, 부러워할 필요 없다. BEP까지의 기간이 짧을수록 언제든 다시 적자로 돌아설 가능성이 크고, BEP까지의 기간이 길수록 웬만해선 적자로 돌아서지 않는다.

두번째 위기는 BEP을 넘어 양산 단계에서 겪는 품질과 자금 문제, 즉 성장통이다. 듣기 좋아 성장통이지 사업을 가장 많이 접는 가장 위험한 단계이기도 하다. 아사 직전까지 갔다가 넘쳐나는 음식 앞에 주체하지 못하고 폭식하다 죽는 꼴이다. 큰 물량의 오더에 품질과 납기를 못 맞춰 반품 또는 거래가 취소되는 경우, 외상으로 큰 물량을 납품했다가 현금이 막혀 도산하거나 돌아오는 어음을 막지 못해 부도가 나는 경우가 이때다. 사실 이 시점이 사업의 큰 갈림길이기도 하다. 절제하면 장수하고, 잘하면 대박 맞고, 못하면 쪽박 차는 것이다. 가늘고 길게 갈지, 굵고 짧게 갈지 중에 무엇이 좋은지는 모르겠다. 오직 사장만이 판단하고 책임질 문제다.

또 두 번의 위기

세번째 위기는 나태함의 위기다. 좀 먹고살 만해지니 일하기 싫어진다. 하는 일이 지겹고 초라해 보이고 안 해야 될 이유만 찾는다. 다른 사업에 기웃거리고 회사에 부재중인 시간도 잦아진다. 그러면서 갖가지 세상 유혹에도 노출되는 시기다.

그리고 마지막 네번째 위기가 찾아온다. 바로 조직 갈등의 위기다. 사장이 딴생각하는 시간이 길어지니 직원들 역시 딴생각하며 내부 정치에만 열을 올린다. 그러다 조직은 분열되고 딴살림 차리는 직원들도 생긴다. 이건 큰 사업체에만 해당되는 일이 아니다. 세 명이 하는 사업에도, 부자지간에도, 형제지간에도 예외가 없다. 이 단계까지 오면 약도 없다. 사망률 99%의 말기 암에 걸린 것이다. 차라리 앞선 두 번의 위기가 당시에는 고통스러워도 극복하기 쉽다.

딴 우물의 유혹

한 우물을 판다는 것은 잘되면 잘되는 대로, 안되면 안되는 대로 '딴 우물'의 유혹을 받는다. 그런 유혹에 흔들려 "한 우물을 파는 것이 옳은가?" 하고 의심하게 된다. 하지만 한 우물은 시대를 막론하고 기업의 가장 강력한 장수 전략이다. 1993년 한겨레 신문기사 '한 우물 파야 장수한다', 2006년 한겨레 신문기사 '30년 이상 장수 흑자 기업들의 비결은 한 우물', 2017년 머니투데이 기사 '불혹 맞은 중견기업들의 장수 비결은 한 우물'—25년을 뛰어넘어, 시대만 다를 뿐 기사 제목과 전하는 메시지는 100% 동일하다. 결국 한 우물이 답인 것이다.

두 번의 기회

그렇다면, 네 번의 기회는 언제 오는가? 이들 기회는 모두 사람의 모습으로 온다. 첫번째 기회는 BEP 직전에 '고객'의 모습으로 온다. 그의 평가가 내 제품의 흥행 여부 전체를 판가름할 정도로 대표성을 지닌 고객이다. 어쩌면 너무도 작은 모습으로 찾아오는 그를 알아채기는 불가능에 가까울지도 모른다. 그것도 깔딱고개를 넘어서려는 아사 직전에 말이다. 하지만 이 기회를 잡는다면 일단 BEP는 넘어간다. 그는 두고두고 나의 초심을 검증할 리트머스시험지다. 그를 대하는 나의 태도가 바로 나의 초심인 것이다.

두번째 기회는 BEP 직후 '투자자'의 모습으로 온다. 일단 흑자로 돌아선 사업이 성장성까지 갖추었다면, 내 사업에 돈을 빌려주거나 투자하려 하는 자가 생기기 마련이다. 이때 어떤 선택을 하느냐가 사업의 운명을 결정한다. 누구에게 어떤 돈을 얼마나 받느냐가 발판이 될 수도, 족쇄가 될 수도 있는 것이다. 돈이라고 다 똑같은 돈이 아니다. 세상엔 좋은 돈과 나쁜 돈이 있다. 이를 분별해야 한다. 그리고 돈이 필요하다면 찔끔찔끔 받지 마라. 돈 구하러 다니는 것처럼 시간 낭비, 에너지 낭비가 없다. 받을 수 있을 때 넉넉히 받아둬라.

또 두 번의 기회

세번째 기회는 '인수자'의 모습으로 온다. 사업이 성숙하고 안정적 궤도에 접어들면 사업 인수나 분사分社를 제안하는 자가 나타난다. 이 역시 축복이 될 수도, 저주가 될 수도 있다. 이 판단 역시 철저히 사장의 몫이자 책임이다.

네번째 기회는 '승계자'의 모습으로 온다. 이 사업을 승계할 것인가 말 것인가, 승계한다면 누구에게 맡기는 것이 옳을까? 앞선 네 번의 위기와 세 번의 기회에서 100% 옳은 판단을 한 백전노장도 마지막 이 순간에서 한번의 잘못된 판단으로 와르르 무너지는 경우가 허다하다.

비행착각 Vertigo

네 번의 위기와 네 번의 기회에 대해 정리했는데, 공교롭게도 이들 위기와 기회는 앞서거니 뒤서거니 하며 항상 함께 온다. 위기의 때에 기회가 오고, 기회의 때에 위기가 온다. 공포의 때를 넘기면 탐욕의 때가 오고, 탐욕의 때를 넘기면 공포의 때가 오는 것이다. 공포와 탐욕을 극복하지 못할 때, 목적과 수단이 뒤바뀌게 된다. 바로 이때 하늘과 땅을 반대로 착각하여 땅으로 내리꽂는 '비행착각(하늘과 땅, 하늘과 바다를 착각하는 방향감각상실 상태)'을 일으키는 것이다. 그래서 공포와 탐욕의 때에는 내 느낌을 믿기보다는 계기판의 표식을 봐야 한다. 그런 표식의 역할을 하는 것이 바로 사훈社訓이다. 그래서 아무리 작은 가게라도 사훈이 있어야 하며, 두루뭉술하거나 추상적인 덕담이 아닌 구체적이고 명확한 목표를 담고 있어야 한다. 내 회사의 사훈은 뭐냐고? '택Tag 아니면 택도 없다'다. RFID(Radio Frequency Identification, 무선주파수인식)택 한 우물만 파겠다는 거다. 멋대가리 없는 사훈이지만 나에겐 정말 소중한 표식이다.

#09

40년 각오해야
20년 한다

40년 하듯 20년 하라

20년 하면 20억 번다면서 왜 40년을 각오해야 하냐고? 사실 20년이나 40년이나 어려움은 마찬가지다. 근데 20년만 하겠다고 마음먹으면 20년에 다다른 끝자락에 오버페이스Over pace 하다가 그간 벌어놓은 돈을 다 까먹게 된다. 카드 칠 때 마지막 판에 그간 번 돈을 모두 베팅하는 것과 같다. 그래서 40년 하는 줄 알았다가 20년에서 끝나야 엉겁결에 돈 굳는 것이다. 마라톤에서도 42.195킬로미터 풀코스나 20킬로미터 단축 코스나 어려움은 똑같다. 단축 코스 하듯 풀코스 하고, 풀코스 하듯 단축 코스 해야 하는 것이다. 그래서 20년 하려면 40년은 할 각오를 해야 정상적인 페이스로 완주가 가능하다.

평생의 사업을 각오하라

40년 하라는 건 평생 할 각오를 하라는 거다. 부부도 40년 같이 살기 힘든데, 한 아이템을 40년 하려면 정말 궁합이 잘 맞아야 한다. 평생의 배우자 고르듯 해야 한다. 결혼한 사람이라면 공감하겠지만, 결혼 당시 고민했던 문제들은 시간이 지나면 아무 일도 아니게 되고, 결혼 당시 전혀 문제가 안 되었던 사소한 차이가 시간이 지날수록 큰 갈등이 되는 경우가 많다. 스펙, 돈, 가치관 등 머리로 생각하는 것보다 시각, 청각, 후각 등 몸으로 느끼는 원초적인 것들이 오히려 시간이 지나도 해결되지 않는 경우도 많다. 나는 지금의 사업을 하기 전, 부친께서 30년간 경영하시던 알루미늄 프레스 공장을 승계하지 않겠냐는 제의를 받았었다. 작은 영세 공장이었는데, 가업을 잇는다는 열망이 컸던 만큼 기꺼이 승낙했다. 당시 프레스 금형 학원도 열심히 다니고 기술도 익혔는데, 가장 큰 걸림돌은 내 후각과 청각이었다. 프레스 오일 냄새와 굉음은 시간이 지나도 전혀 익숙해지지 않았다. 그래서 포기했고 지금의 IT 사업을 시작했다. 40년을 각오하고 시작하는 사업이라면 머리가 아닌, 몸으로 그 일을 받아들일 수 있어야 한다.

80세 노동을 준비하라

창업 40년을 각오한다면 노동 80세를 준비해야 한다. 노동 80세가 엄두가 안 난다면 창업의 시점을 40세 이전으로 앞당겨야 하겠다. 70대에 은퇴하고 싶다면 30대, 60대에 은퇴하고 싶다면 20대에 창업을 해야 하는데, 문제는 나이가 젊다고 창업에 결코 유리하지 않다는 것이다. 앞서 한 살이라도 젊을 때 결정한 사업 아이템이 최선이라고 했다. 근데 여기서는 젊을 때 창업하는 것이 결코 유리하지 않다니? 사업 아이템 결정에서 실제 창업까지는 짧게는 몇 년에서 길게는 10년 이상 걸리기도 한다. 가장 유리한 창업 시점은 창업자가 육체적, 정신적, 재정적으로 그리고 대인관계에서도 최고조에 오른 때다. 즉 인생에서 가장 잘나가는 시점에 창업해야 성공할 가능성이 가장 높다. 여기저기서 오라는 콜을 가장 많이 받을 때가 창업하기에 가장 좋은 때인 것이다. 그때가 20대인 사람은 거의 드물 것이다. 그래서 최소한 70대까지는 일을 해야 창업 40년을 채울 수 있는 것이다. 또 어쩌면 창업에서 가장 중요한 성공 요건은 80세까지 어떻게 양질의 노동 수준을 유지할 것인가다. 다행스럽게도, 노동은 결코 힘으로 하는 것이 아니다. 심지어 육체노동에 있어서도 말이다. 노동은 반복된 경험과 리듬감으로 하는 것이다. 80세 노동을 두려워하지 말자. 제대로 된 노동이라면 할수록 즐겁고 하루를 거르면 좀이 쑤시게 되어 있다.

사업의 장수 비결, 사람과 다름없다

　그렇다면 사업의 장수 비결은 무엇일까? 사람의 장수 비결과 다를 바 없다. 첫째, 혈관이 튼튼해야 한다. 그래야 소통이 잘된다. 소통이 안된다는 건 한마디로 '다른 사람은 다 아는데 리더만 모르거나 모른 척하는 것'이다. 그래서 불통은 100% 리더 책임이다. 리더가 ①딴생각을 하거나 ②딴 주머니를 차고 있거나 ③딴사람에게 마음이 더 갈 때, 정상적인 소통은 이루어질 수 없다. 회식, 단합대회, 등산… 이런 거 아무리 자주 해도 소용없다. "그에게 무엇이 잘못되었는지 말할 수 없다면, 그와는 일하지 마라"라는 마커스 레모니스Marcus Lemonis의 명언이 있듯, 소통이 안되는 조직일수록 유능한 직원들이 먼저 떠나고 결국 그 조직은 단명한다.

　둘째, 소식해야 한다. 굶는 게 많이 먹는 것보다 언제나 낫다. 소화할 수 있을 만큼만 먹어야 한다. 많이 먹는 게 중요한 게 아니라 뭘 먹었느냐가 중요하듯, 매출이 중요한 게 아니라 매출의 질이 중요하다. 매출은 천천히 여유 있게 꼭꼭 씹어야 한다. 또한 장수하는 회사들의 공통점 중 하나는, 아무리 힘들어도 직원들 월급을 늦게 주는 일은 절대로 없다는 것이다(많이 주지는 못하더라도 말이다). 그래야 직원은 물론 그의 가족들이 심리적 안정감을 가진다.

　셋째, 소심하지 말아야 한다. 떠나는 고객은 귀찮게 하지 마라. 회원 탈퇴를 하는 고객에게 왜 탈퇴하냐며 꼬치꼬치 캐묻지 마라. 스토커처럼 질척거리지 마라. 나에게 잘못이 없다면 그 고객은 언젠가 돌아온다. 너무 마음 쓰지 마라. 내 힘만 빠진다.

넷째, 퇴로를 끊어야 한다. 돌아갈 곳이 있는 사장은 언제든 돌아가더라. 돌아가는 다리를 폭파해야 한다. 예전 직장 사람들과는 가급적 만나지 않아야 한다. 마음 약해진다. 정 만나고 싶다면 퇴사 3년 후에 만나라. 그때 즈음이면 다시 오라는 사람도 없기 때문이다.

다섯째, 장수하려면 책임감이 있어야 한다. 창업할 생각이 있다면 결혼하고 애부터 가져라. 그만큼 책임감을 주는 환경은 없다. 일 자체가 사명 의식을 준다면 금상첨화겠다. 몇 세대를 거쳐 전승된 기술과 문화재를 보라. 종교적인 믿음에서 출발한 경우가 대부분이다. 어떤 어려운 여건에서도 세상을 초월하는 종교적 사명이 대를 이어 그 기술을 전승케한 것이다.

여섯째, 장수하려면 승계의 문제를 생각하라. 내 업을 이을 누군가가 있다면 그 일을 지속할 힘이 생긴다.

이런 여섯 가지 비결을 충족할 때 사업은 장수한다. 사실 이쯤 되면 20억은 의미가 없어진다. 20년도 의미가 없어진다. 그냥 일이 평생의 삶이 된다.

#10

중독돼야
20년 한다

재미는 습관이자 중독이다

20년 동안 한 가지 일을 한다는 건 말처럼 쉬운 일이 아니다. 좋아하는 일만 하라고 해도 20년 하라면 대부분 도망치지 않겠는가. 죽고 못 살던 남녀도 20년을 살기 힘든데, 일이야 오죽하겠는가? 20년 하려면 일에 중독돼야 한다. 그래서 최선의 창업 준비는, 나 스스로를 일에 중독시키는 것이다. 진정한 재미는 완벽한 습관과 중독에서 비롯된다. 내가 이걸 왜 하나 싶으면서도 하루 안 하면 좀이 쑤시고 이틀 안 하면 금단현상이 오는 그것이 나를 20년 하게 만든다. 이런 수준까지 가보지도 않고 "일도 재미있어야 하는 거 아닌가요?"라고 묻지 마라. 세상엔 재미있는 일도 없고 재미없는 일도 없다. 재미있고, 없고의 문제는 전적으로 나의 중독 여부에 달려 있다.

러너스하이 Runner's high

마라토너에겐 '러너스하이'라는 현상이 있다. 달리는 극한의 고통 속에서 갑자기 마약을 투약할 때와 유사한 행복감을 느껴 마치 슈퍼맨이 된 듯 고통이 사라지는 현상인데, 흥미로운 건 기록 경쟁이 치열한 현역 시절엔 느끼기 힘들다는 것이다. 바르셀로나 올림픽 금메달리스트였던 황영조 선수나 보스턴 마라톤 우승자였던 이봉주 선수 모두 현역 시절엔 러너스하이를 느낄 수 없었다고 한다. 중독이란 목표와 일정에 얽매여 스스로를 고문하는 것이 아니다. 일에 완벽히 중독되어 그 자체를 그냥 즐길 수 있는 상태가 되는 것, 그것이 창업자에게 필요한 '러너스하이'인 것이다.

돈만으론 중독시킬 수 없다

그럼 어떤 일이 사람을 중독시키는가? 돈? 돈은 필수다. 최소한의 돈 버는 재미, 돈 세는 재미를 느끼게 해주어야 한다. 하지만, 돈이 다는 아니다. 아무리 돈이 벌려도 식은땀 흘리게 하는 일은 사람을 지치게 한다. 덜 벌어도 구슬땀 흘리게 하는 일이 사람을 중독시킨다. 중독되려면 앉아서 머리만 쓰는 걸로는 부족하다. 반복된 근육과 감각의 사용이 동반되는 일이 중독성이 강하다. 거기에 팀워크까지 맞아야 한다면 더욱 좋다. 예를 들면, 대장간 일이 그것이다. 번갈아가며 한 번씩 망치로 쳐대는 단조로운 작업, 그 리듬감과 호흡이 그 찜통 같은 열기 속에서 제대로 숨 쉬기도 힘든 일을 몇 대에 걸쳐 계승케 하는 것이다. 제품에 대한 고객의 반응이 즉각적으로 오는 일이라면 더더욱 좋다. 누구도 칭찬에 중독되지 않는 사람은 없기 때문이다.

옻 알레르기가 옻 공예가를 만들다

일이 어려울수록 그 일에 중독되기까지는 시간이 걸리지만 일단 중독되면 그만큼 더 빠져나오기도 힘들다. 중독은 상식을 뛰어넘는다. 세계적인 옻칠공예가인 전용복 명장名匠에게는 옻 알레르기가 있다. 중독이 아니라면 그의 옻 사랑을 설명할 길이 없다. "뱃일은 죽어야 끝나요"라고 하는 늙은 선장의 말 역시 이해가 안 된다. 얼마나 중독됐으면 이런 말이 스스럼없이 나오겠는가? 그래서 일을 할 땐 미쳤다는 얘기를 들어야 한다. 미쳐야 반복된 훈련과 극한의 위험을 극복할 수 있기 때문이다. 극복의 희열만큼 중독성이 강한 건 없다. 설령 그 일이 사회적으로 천대받더라도 이미 그건 그 사람에게 중요하지 않다. 자신의 일에 능숙한 사람은 무엇을 하든 이미 천한 사람이 아니다. 잠언 22장 29절 '네가 자기의 일에 능숙한 사람을 보았느냐? 이러한 사람은 왕 앞에 설 것이요. 천한 자 앞에 서지 아니하리라.' 솔로몬왕 시절에도 자신의 일에 능숙한 자는 그 일이 무엇이든 왕 대접을 받았다.

중독된 창업자는 늙지 않는다

자신의 일에 중독된 사람은 늙지도 않는다. 그 나이에 머물러 있다. 무슨 일이든 그 일에 미친 사람들은 생각이 젊다. 생각이 젊은 만큼 실제로도 젊어 보인다. 고객도 자신보다 젊어 보이는 사장을 좋아한다. 가수의 경우, 팬들과 같이 늙어가야 팬들이 좋아할 것 같지만, 실상은 자신과 달리 여전히 젊어 보이는 스타를 보길 원한다. 어떤 가게든 그 사장은 고객보다 덜 늙어야 한다. 창업 아이템을 고민한다면 건강한 중독을 줄 만한 그런 일을 생각하자. 중독된 노동만큼 젊어지는 방법은 없다.

#11

창업, 미룰 수
있을 때까지 미뤄라

사업은 쇼가 아니다

앞에선 한 살이라도 젊을 때 창업하라면서 여기선 미룰 수 있을 때까지 미루라니 이건 또 무슨 말인지? 창업에 대한 준비는 한 살이라도 젊을 때 하되, 실제 창업을 하는 시점, 즉 사업자등록증을 발급받는 시점은 가급적 미루라는 말이다. 사실 창업에 마음이 한번 꽂히면 회사 이름부터 정하고, 사업자등록증 받고, 사무실부터 구하러 다닌다. 가게 간판은 무엇으로 할지, 로고 디자인은 어떻게 할지, 사무실은 무슨 색으로 칠할지, 또 새로운 명함 돌릴 생각에 가슴부터 벅차다. 드디어 사장님 소리를 듣게 되다니 이미 절반은 성공한 것 같다. 사장님이라는 직함에 걸맞는 정장 한 벌 맞추는 건 그래도 애교라 하겠다. 사장됐다고 차부터 뽑는 창업자들이 부지기수다.

외부자금을 받으려면 매출이 있어야 한다

그렇다면 언제까지 창업을 미뤄야 할까? 첫 매출이 발생하는 시점까지다. 그 이유는 다음 세 가지다. 첫째, 외부자금을 받는 데 유리하다. 창업 초기의 적자는 어쩔 수 없지만 매출까지 없다면 투자든 대출이든 외부자금을 받기는 불가능에 가깝다. 특히, 창업 관련 정책자금들은 창업 3년 이내의 회사로 제한되어 있는데, 이 3년이라는 시간이 정말 눈 깜짝할 사이에 지나간다. 사업자등록증이 나오는 순간부터 시간은 재깍재깍 흘러가는 것이다. 창업을 첫 매출이 발생하는 시점까지 미룰 수 있다면, 창업과 동시에 매출 실적도 갖게 되는 것이기 때문에 외부자금 받는 데도 유리하고 시간적 여유도 가질 수 있다.

창업보다 폐업이 어렵다

둘째, 창업에는 많은 사전준비가 필요하다. 회사설립은 어떤 형태로 할지(법인 또는 개인사업자), 이사회는 어떻게 구성할지, 주주구성은 어떻게 할지, 초기 자본금은 얼마로 할지 등등 준비할 땐 별생각 없이 넘어갔던 부분들이 창업 후 골칫거리가 되는 경우가 비일비재하다. 한번 더 꼼꼼히 짚어보고 창업해도 늦지 않다. 창업자들이 간과하기 쉬운 것이 하나 있는데, 창업보다 폐업이 어렵고 비용도 더 많이 든다는 사실이다. 어르신들이 "마음대로 죽을 수도 없다"고 하시는데 사업도 마찬가지다. 창업은 맘대로 해도 폐업은 맘대로 할 수 없다. 폐업 비용을 고려하지 않기 때문에 창업이 쉬워 보이는 것이다. 그래서 창업엔 신중 또 신중을 기해도 지나치지 않다.

서둘러 망하지 뜸들여 망하지 않는다

셋째, 사업은 서둘러서 망하지 뜸들여서 망하는 경우는 없다. 20년을 가야 할 사업이라면 몇 달 빨리 가는 건 아무 의미 없다. 기막힌 사업 아이디어라며 남들이 따라 하기 전에 사업화해야 한다고 서두르는 창업자들이 있는데, 이렇게 서둘러 창업해서 성공한 사례를 못 봤다. 나는 현재 모 창업투자회사의 전무로 겸임 중인데, '정말 새로운 아이디어'라며 자신의 사업을 소개하는 메일을 가끔 받는다. 근데, 그중에 정말 새로운 아이디어는 단 한번도 못 봤다. 이미 다 어디서 본 아이디어였다. 지금 머릿속에 떠오른 기막힌 사업 아이디어와 똑같은 생각을 하고 있는 대한민국 국민만 수십 명 있다고 생각하면 딱 맞다. 사업 아이디어가 있다면 혼자 어떻게 하려 하지 말고 최대한 많은 사람들에게 말하고 깨지고, 다시 보완

하고 다시 말하고 다시 깨져라. 미국의 통계지만, 사업 아이디어를 주위 사람들과 공유한 창업자의 성공 확률이 그렇지 않은 사람보다 8배나 높다고 한다. "지금이 아니면 안 된다"고 누군가 유혹한다면, 그건 100% 사기다. 그럴 여유가 있으면 차라리 로또를 해라.

#12

수치화된 목표가
내구성을 저해한다

유연함이 내공이다

마음에 울림을 주는 CEO들의 인터뷰를 보면 공통점이 있다. 그들은 "작년 매출은 얼마, 올해는 얼마, 내년엔 얼마 할 거다"라는 재미없는 얘기는 안 한다. 목표를 물어봐도 "다들 건강하면 됐죠" 또는 "목표, 그런 거 없어요. 세상 내 맘대로 되나요" 하며 씩 웃는다. 그런 유연함이 바로 업력이자 내공이다. 그들은 회사의 내구성이 유연함에서 나온다는 것을 안다. 숫자가 얼마나 조직의 유연성을 떨어뜨리는지 경험으로 체득한 것이다. 수치화된 목표는 설령 그 목표를 달성했다 하더라도 조여오는 스트레스로 조직의 내구성과 면역력을 떨어뜨린다. 숫자 자체가 목적이 되어 조직을 조로루노하게 만드는 것이다. 20억이 아닌 20년이 목표가 되어야 한다는 의미가 바로 여기에 있다. 20억이 목표면 20년 못 가고, 20년이 목표면 20억 가는 것이다.

매출보다 중요한 것이 있다

매출 규모가 목표가 되다보면, 더욱 의미 있는 지표들, 매출의 지속성과 다양성, 수익성, 결제조건 등 20년을 지속하게 할 중요한 요소들을 놓치게 된다. 매출만 큰 경우는 오히려 20년 가는 데 걸림돌이 될 수 있다. 마라토너의 체중은 0.33~0.36 사이에 들어와야 하는데, 매출만 커지면 체중만 늘어 0.36을 초과할 수 있기 때문이다. 그래서 10을 벌어 1을 남기는 장사보다는 5를 벌어 1을 남기는 장사가 20년 가는 데 유리한 것이다.

티가 안 나는 일이 중요한 일이다

사업이란 아주 미세한 차이에서 성공과 실패가 판가름난다. 표도 안 나는 그런 일이 성패를 가르는 것이다. 그래서 현장에서 쉴 틈도 없이 뭔가를 계속하는데 별로 한 것도 없이 시간만 간다면 지금 잘하고 있는 것이다. 원래 중요한 일은 티가 안 난다. 사업 목표가 수치화되지 않을수록, 사업 목표가 지질해 보일수록 오히려 그것에 도달하는 과정은 섬세하고 까다롭다. 또한 이를 지키지 못했을 때 핑계 대기도 힘들다. 지키지 못하기엔 그 목표가 너무나 소박하기 때문이다. 이런 작은 목표들이 모여 20년을 가는 것이다.

쓸데없는 데 힘쓰지 말자

사업이 망하는 사람들에겐 한 가지 공통점이 있다. 그들은 서두른다. 불안함과 경쟁심과 솔깃함과 공명심으로 가만있지 못하고 뭔가 계속 숫자를 만들고 목표를 세운다. 그리고 1년 12달 365일 정해놓은 숫자를 맞추느라 자신도 볶고 조직도 볶다가 스스로 지쳐 나가떨어진다. 목표는 정한다고 달성되는 것도 아니고, 정하지 않는다고 달성 못하는 것도 아니기 때문이다.

매력 있는 조직이 매력 있는 목표를 만든다

그렇다면 목표는 없어야 하나? 그렇지는 않다. 끝도 안 보이는 20년, 지루하지 않게 가려면 리듬과 비트가 있어야 한다. 수치가 아닌 비트가 목표가 되어야 한다. 예를 들면 다음과 같다. '이번 달 매출을 얼마 맞추겠다'가 아니라 '재작년 구매한 고객 리스트를 다시 찾아 안부전화를 하루에 다섯 통씩 하겠다' 또는 '불량률을 몇 % 내로 줄이겠다'가 아니라 '품질관리 인력들과 일주일에 한 번 일대일 미팅을 갖겠다'가 바로 비트다. 이런 면에서 페이스북의 창업 초기 목표는 정말 인상적이다. '신규 고객에게 그간 잊고 지내던 일곱 명의 친구를 열흘 내에 찾아주자.' 신선하지 않은가? 이것이 리더의 매력이요, 조직의 매력인 것이다. 어느 시장 골목의 30년 된 빈대떡 가게 사장님의 신년 목표는 "항상 서 있어라. 무조건 퍼줘라"다. 목표가 매년 똑같다. 여기에 숫자는 없다. 장수하는 가게는 다 이유가 있다.

#13 판매 1위는 죽어도, 마진 1위는 죽지 않는다

저低마진 구조로는 못 버틴다

20년 가려면 몇 개를 팔지가 아니라 얼마를 남길지를 생각하라. 매출이 아닌 마진에 기준을 맞춰라. 고高마진에서 저마진 구조로 가는 건 쉬워도 저마진에서 고마진 구조로 가는 건 불가능에 가깝다. 그래서 시작부터 저마진에 익숙해지면 20년을 견뎌낼 맷집이 생기지 않는다. 가격으로 승부해선 답이 안 나온다. 당장은 저가 물량공세로 사업을 불릴 수 있을지는 몰라도 오래가지는 못한다. 결국 중요한 건 손익계산표의 맨 윗 줄(매출)이 아닌 맨 아랫 줄(순익)인 것이다. 덜 버는 건 참아도 밑지는 건 참으면 안 된다. 사업을 대폭 확장하는 것처럼 보이는 회사들 중에 앞으로 남고 뒤로 까지는 사례가 너무나 많다. 힘들어도, 시작을 고마진 구조로 출발해야 오래갈 수 있다. 20년 동안 마진 까질 일들이 너무나 많기 때문이다.

밑지는 가게의 제품은 잘해야 B급이다

이런 장기 불황 속에 고마진이 당최 가능하냐고 반문할 수 있겠다. 하지만, 오히려 불황일수록 제품만큼이나 고객의 등급도 확실히 갈린다. A급 고객일수록 불황일 때 비싸도 A급 제품을 찾는다. 불황일수록 시장엔 B급도 아닌 C급 제품들이 득실대기 때문이다. 반대로, 깎아줘야 사겠다는 B급 고객의 말에 "가격을 낮춰야 하나?" 하며 현혹되지 마라. 그들은 어차피 싸도 안 산다. 더구나 불황일수록 물건값을 떼이는 일이 많아지므로, 마진마저 적으면 자칫 밑지는 장사를 할 수밖에 없게 된다. 이런 밑지는 가게는 고객에게 좋은 제품을 제공할 수 없다. B급 재료라도 써서 떼먹힌 돈만큼 남겨야 가게가 살기 때문이다. "이익 못 내는 회사와는 거래 안 한다. 최고의 서비스를 제공받을 수 없기 때문이다"라는 리처드 바흐Richard Bach의 말에 전적으로 동의한다.

간접비가 높다는 건 절대 악이다

그렇다고 폭리를 취하라는 말이 아니다. 폭리 구조는 저가 덤핑 구조만큼이나 오래가지 못한다. 쓸데없는 비용을 줄이자는 거다. 비용 절감은 머리에서 나오지 않는다. 오직 손끝과 발자국, 그리고 눈썰미에서 나온다. 수고가 없는 비용 절감은 없다. 어떤 제품의 비용 구조만 봐도 그 제품이 장수할지 대번에 알 수 있다. 전체 비용 중 직접 제조 비용, 그중에도 재료비의 비중이 높다면 그 제품은 이미 20년의 절반은 가 있는 거다. 반대로 전체 비용 중 직접 제조와 상관없는 간접비의 비중이 높다면 그 제품엔 거품이 낀 것이다. 이런 거품은 어느 순간 반드시 꺼지고 제품의 가격 역시 훅 꺼지게 되어 있다. 창업에 있어 간접비, 고정비가 높다는 건 절대 악이다. 반드시 줄여야 한다. "옷값은 옷 만드는 데만 써야 한다"는 20년 전 모 광고 카피는 오늘날에도 100% 유효하다.

품질만큼이나 가격도 일관되어야 한다

고마진 정책은 제품에 대한 고객의 신뢰를 높이는 데도 도움이 된다. 고객은 품질의 일관성만큼 가격의 일관성도 따진다. 처음부터 저마진 구조로 가격을 책정하면 물가 변동에 따라 최소한의 마진을 유지하느라 제품 가격도 오락가락할 수밖에 없다. 하지만 고마진 구조의 경우 물가가 좀 올라도 어느 시점까지는 일관된 가격을 유지할 수 있다. 장수하는 가게들을 보라. 최근 1년간 가격이 그대로거나 상대적으로 천천히 가격을 올린다. 반대로 그들은 경쟁 가게들이 가격을 내릴 때도 그대로거나 상대적으로 천천히 내린다. 가격을 내리는 대신 그들은 덤을 더 준다. 가격은 한번 내리면 다시 올리기 힘들다는 것을 잘 알고 있기 때문이다.

진짜 좋은 걸로 승부해야 한다

세상에 싸고, 좋고, 빠른 건 없다. 싸고 좋은데 느리거나, 싸고 빠른데 나쁘거나, 좋고 빠른데 비싸거나 셋 중 하나다. 이제 'Made in Korea'는 싼 걸로는 답이 안 나온다. 대신 빠르고 좋은 걸로 승부를 내야 하는데, 빠른 건 자동화 장비를 갖춘 대기업의 몫이니 우리는 좋은 걸로 승부를 걸어야 한다. 대충 좋은 거 말고 진짜 좋은 것으로 말이다.

간혹 싸고 좋고 빠른 것으로 장수하는 가게도 있긴 하다. 우리 동네 기계 우동집이 그렇다. 메뉴 한 종류, 그릇 한 종류, 좁은 공간, 주차 불가, 단무지와 물은 셀프, 그릇은 손님들이 옆으로 전달—10분 이상 앉아 있기도 불편해 다들 후루룩 먹고 떠난다. 자매 사장님들이 교대로 24시간 근무하고 쉬는 날도 없다. 싸고 좋고 빠른 경우는 이런 가게 뿐이다. 정말 아무나 못한다.

저가 경쟁에 뛰어들지 마라

만일 경쟁사가 저가로 싸움에 붙고자 한다면 그건 그가 죽을 때가 다 됐다는 신호니 걱정할 게 아니라 기뻐해야 한다. 이럴 때 같이 저가 싸움에 뛰어드는 바보가 되지 말자. 같이 죽자고 덤벼드는 경쟁사는 그냥 혼자 죽게 내버려둬라. 그가 저가공세로 나의 고객 절반 이상을 뺏어 간다 해도 그는 곧 죽게 될 운명이다. 결국 장기전에선 누가 싼 물건을 만드느냐가 아닌 누가 좋은 물건을 만드느냐의 싸움이다. 이 불황 속에서 1조 클럽에 오른 커피전문점은 저가 커피가 아닌 스타벅스였음을 기억하라.

이윤은 생존을 위한 비용이다

단골은 내 제품이 주는 신뢰만큼 그 가치를 지불하려 하지, 싼 것 찾아서 하루아침에 나를 떠나지 않는다. A급만이 A급을 알아본다. 그래서 새로운 고객을 발굴하기보다는 현재의 단골에 최선을 다하는 전략이 언제나 옳은 것이다. 기존 고객에 충성하는 기업과 새로운 고객 유치에 주력하는 기업의 마진을 비교해보니 7배까지 전자의 경우가 높았다는 통계도 있다. 결국 고마진이 최고의 품질을 낳고 이것이 충성 단골을 갖게 하며 결국 충성 단골을 통해 고마진이 더욱 강화되는 것이다. "이윤은 생존을 위한 최소한의 비용일 뿐이다." 피터 드러커Peter Drucker의 말이다.

#14

최고의 재료는 최악의 위치를 채우고도 남는다

사진은 장소가 아니라 재료가 중요하다

창업 컨설턴트들이 꼽는 성공의 첫째 요인은 가게의 '목'이다. 일단 사람이 돌아다녀야 뭐라도 팔지, 사람 그림자도 안 뵈는 뒷구석에 박혀 뭘하냐는 것이다. 그런데 재미있는 사실은, 장수하는 가게일수록 오히려 중심상권에서 벗어나 있다는 점이다. 이런 현상은 우리나라뿐만 아니라 일본, 유럽, 미국 다 마찬가지다. 가장 큰 가게는 예외 없이 중심상권에 위치하지만, 가장 오래된 가게는 이면도로에 위치하는 경우가 많다. 만일가장 오래된 가게가 중심상권에 위치하고 있다면 둘 중 하나다. 원래 위치했던 이면도로가 도시 정비에 의해 중심상권으로 부상한 경우, 아니면 이면도로에서 돈을 벌어 중심상권으로 이전한 경우다. 어느 경우든 이면도로 뒷구석에서 돈을 번 것이다. 세계적 사진작가인 고故 최민식 선생은 그의 작품 대부분을 부산 자갈치시장 한곳에서 담았다. 그곳 사람들의 삶이 평생의 작품 소재였던 것이다. 사진은 작품을 찍는 장소가 아니라 작품에 담는 재료가 중요하다. 창업 역시 제품을 파는 장소가 아니라 제품에 담는 재료가 중요하다.

B급 재료로는 B급 제품만 나온다

장사가 잘되는 이유가 '목'이 좋아서라면 그 사업은 오래갈 수 없다. 목이 좋은 만큼 비싼 임대료를 내야 하고, 그런 높은 고정비 부담으로는 A급 재료를 쓸 수가 없다. A급 재료를 쓸 수 없다면 A급 제품이 나올 수가 없다. B급 재료로는 B급 제품만 나온다. B급 재료를 투입하여 A급 제품이 나오게 하는 방법이 하나 있긴 한데, 복잡하고 비용이 많이 드는 중간 공정을 거치는 것이다. 여기엔 예외가 없다. 여기에 예외를 만들려다 망한 경우가 2016년 폭스바겐 사태다. 저질의 디젤유를 쓰는 디젤엔진을, 가솔린엔진만큼의 성능, 소음, 배기가스 기준에 맞추려다보니 당연히 엔진이 복잡해지고 가격이 높아질 수밖에 없었다. 그럼에도 엔진 가격을 낮추려다보니 배기가스 기준을 통과할 수 없었고, 끝내 테스트 결과를 속인 것이다. 장사를 오래하는 가장 확실하고 명쾌한 비결은 A급 재료를 쓰는 것이다.

재료 아끼지 마라

장수하는 사장님들이 공통적으로 하는 말이 바로 "재료 아끼지 마라"다. 재료는 절약의 대상이 아니다. 절약의 대상은 임대료, 광고비, 접대비같은 거다. 제품의 가격이 재료값으로 꽉꽉 차 있어야 한다. 제품 가격이임대료와 광고비로 꽉 차 있다면 그 제품은 100% 단명한다. 아무리 가게가 뒷구석에 위치하고, 가게가 좁아터져도 제품이 좋으면 반드시 찾아오게 되어 있다. 찾기 힘들수록 오히려 그 가게는 '성지순례' 대상이 된다. 다만, 위치가 어디든 그 위치는 바뀌지 않고 오래 그대로여야 한다. 우리몸속엔 위치 찾기 DNA가 있어, 그 근처에 가면 조건반사적으로 그 가게가 생각나기 때문이다. 아마 그런 이유 때문에 장수하는 노점상과 포장마차가 극소수에 불과한 건지 모르겠다. 이동이 불가피한 그들은 고객의위치 찾기 DNA 속에 깊이 각인되기 힘들기 때문이다.

위치 자체가 품질인 경우는 위치가 중요하다

"다른 업종은 몰라도 유통은 중심상권에 위치해야 되는 것 아니냐?"고 반문할지 모르겠다. 맞는 말이다. 당일 팔아치우지 않으면 변질될 우려가 높은 상품—수산물, 야채 등—이나 제품 생명 주기가 특히 짧은 상품―패션 등―은 이를 실시간으로 처리할 유통 네트워크가 뒷받침되어야 제품의 품질을 유지할 수 있다. 이들 아이템들은 중심상권에 몰려 있을수록 유리하다. 최고의 품질이 위치 그 자체인 것이다. 이런 특별한 경우를 제외하고, 최고의 재료는 언제나 최악의 위치를 채우고도 남는다.

재료 구매는 사장의 책임이다

최고의 재료란 비싼 재료인 동시에 안정되고 일관된 재료다. 아무리 좋은 재료라도 그 안정성이 검증되기 전까지는 쓰지 말아야 한다. 아무리 품질이 좋아도 때마다 조금씩 그 품질이 달라진다면 이 역시 좋은 재료가 아니다. 그래서 까다로울 수밖에 없는 재료의 선별과 구매과정엔 사장이 직접 개입해야 한다. 재료의 수준은 사장의 재료에 대한 관심 그 이상도, 그 이하도 아니다. "우리 제품은 비싼 게 아니라 재료가 비싼 것이다." 프랑스의 명품 에르메스Hermes 사장의 말이다. 좋은 재료를 쓰느라 가격이 비싸졌다는데 뭐라 이의를 제기할 고객이 있을까.

#15

Stay hungry
Stay foolish

Stay hungry Stay foolish

스티브 잡스가 스탠포드 대학 졸업식에서 했던 그의 유언과도 같은 명언, 지금까지도 많이 인용되고 있다. 그런데 참 쉬운 듯 어렵다. 초급 수준의 영어 실력이면 직역할 수 있는 이 문장이 말이다. 나는 직역은 하지 않겠다. 그 맛이 사라질 것 같아서. 그렇다면, 20년 사업을 준비하는 사장들에게 스티브 잡스의 이 유언은 어떤 의미가 있을까?

Stay hungry

첫째, 그들은 스스로를 hungry하게 한다. 회사에 쓸데없이 돈을 쌓아 두지 않는다. 돈이 생기면 줘야 할 돈은 빨리 주거나, 빚 갚을 게 있으면 빨리 갚거나, 적금 부을 곳에 적금을 붓거나, 여하튼 돈이 쌓이게 두지 않는다. 돈을 쌓아두면 마음이 느슨해지고 쓸데없는 일에 낭비하게 되어 있다.

둘째, 그들은 허름하게 보이고자 한다. 가게는 처음 그 모습 그대로다. 돈 좀 벌었다고 가게를 넓히거나 번지르르하게 바꾸지 않는다. 사업은 자기 건물을 갖는 순간부터 변질되기 시작한다. 그래서 그들은 건물을 사더라도 그 건물은 임대 주고 원래 있던 그곳을 계속 임차해 쓴다.

셋째, 그들의 사무실엔 회의실이 없다. 있어도 좁고 허름하다. 회의실 잘 꾸며봤자 쓸데없는 회의만 늘어난다. 회의會議만 하다가 회의懷疑만 든다. 그들은 회의실보다 현장에 붙어 있는다.

넷째, 그들은 단물을 끝까지 빨아먹는다. 가난했던 시절 껌의 단물이 다 빠져도 이를 의자 밑에 붙여놓았다가 다시 짝짝 씹듯 사업을 한다. 그들은 히트곡 하나로 평생을 우려먹는 가수처럼, 경쟁자들은 이미 버린 사업 아이템을 끝까지 고수한다. 그건 궁상이 아니다. 가장 효과적인 생존 전략이다.

다섯째, 그들은 느리고 게으르다. 근데 그 게으름이 장점이다. 게을러 약을 치지 않으니 유기농이 되었고, 퇴비를 묵혀두니 최고의 비료가 된 것이다. 게을러 느릿느릿 한길로 갔을 뿐인데 그게 어느 날 최신 트렌드가 되어 있는 것이다.

Stay foolish

첫째, foolish한 사장들은 메시지가 쉽다. 딱 중학교 수준이다. 그래서 상대가 그의 말을 오해하지 않는다. 이것이 소통이다. 둘러서 어렵게 말하는 사람 치고 약속 잘 지키는 사람 못 봤다.

둘째, foolish한 사장들에겐 두 우물이 없다. 오직 한 우물만 있고 그것밖에 모른다. 곁눈질도 할 줄 모르는 바보다.

셋째, 이들은 눈치가 없어 남들이 무시해도 모른다. 다른 사람이라면 부끄러워할 상황을 본인은 모른다. 하지만 이런 수치의 보상이 결국 수익이 된다. 멋있게 사업하는 자는 멋있게 망하고, 더럽게 사업하는 자는 더럽게 안 망하는 것이다.

넷째, 남들은 잠 못 이룰 사건에도 이들은 세상 모르고 잘 자고 언제나 안색이 좋다. 위기는 대부분 스스로 해결된다. 걱정이 팔자인 거다. 어떤 상황에도 나의 페이스Pace를 지키는 것이 20년을 가게 한다.

다섯째, 이들은 자신이 foolish하다는 것을 잘 안다. 그래서 그들의 배움엔 끝이 없다. 공부의 끈을 놓지 않는다. 현대중공업에서 지금껏 배출한 28명의 명장 중 대졸은 단 3명에 불과하다. 스스로를 foolish하다고 느껴야 뭐가 되도 되는 것이다.

장수하는 사장의 특징

장수하는 사장을 보면 다섯 가지의 특징을 갖추고 있다. 첫째, 의사결정이 평범하고 상식의 연속이다. 바둑의 고수를 보면, 기발한 한 수 때문이 아니라, 누가 봐도 두어야 할 자리에 한 수 한 수 두었기 때문에 이긴다.

둘째, 사장은 모든 업무 분야에서 백업맨back-up man이다. 사장은 회사 내 어느 부서에서도 사수가 아닌 부사수의 역할을 한다. 이것이 각 부서의 자율성을 보장하면서 특정 직원에 대한 조직의 의존도를 줄이고 조직의 일관성을 유지하는 비결이다.

셋째, 공과 사를 철저히 구분한다. 회사 시간과 내 시간, 회사 공간과 내 공간, 회사 돈과 내 돈의 구분이 냉정할 정도로 명확하다.

넷째, 인사에 있어 실적이 아닌 근태를 중시한다. 성과보다 태도를 중시한다. 사장부터 말단까지 예외가 없다.

다섯째, 장수하는 회사는 퇴사율이 낮다. 설령 퇴사자가 생기는 경우에도 그를 섭섭하게 내보내지 않는다. 반대로, OB 모임이 많은 기업 치고 장수하는 회사 못 봤다. OB 모임이 많다는 건, 회사에 대해 씹을 게 많거나, 그만큼 예전부터 끼리끼리 뭉쳤거나 둘 중 하나라는 얘기다.

#16

40년 된 아이템은 20년 후에도 존재한다

지금도 비난의 중심에 서 있는 바비인형Barbie

최근 1년간 가장 많이 팔린 10개의 제품과 최근 40년간 꾸준히 팔린 10개의 제품 중 20년 후에도 팔릴 제품은 어느 쪽일까? 단연 후자일 것이다. 젊고 핫hot한 제품보다 늙고 미지근한 제품이 더 장수하는 것이다. 40년을 버텨왔다면 어떤 환경에서도 생존할 수 있는 DNA을 가지게 된 것이다. 그들의 안티에이징 메커니즘을 무시해선 안 된다. 게다가 세상은 빨리 변하지도 않는다. "인류 문명에 오늘날과 같은 급격한 변화는 그 유래를 찾아볼 수 없었다"는 신문 칼럼은 어제오늘 보는 것이 아니라, 60년 전에도 존재했다. 변화에 대한 두려움은 어느 시대에나 있었다. 사실 고객은 변화를 싫어한다. 제품의 작은 변화에도 민감하게 반응한다. 비현실적 몸매로 늘 여성을 상품화한다는 비난의 중심에 서 있는 환갑의 바비인형, 하지만 여전히 그 몸매를 유지하고 있고, 지금도 2초에 하나씩 판매되고 있다.

급속히 성장한 아이템은 급속히 쇠퇴한다

워크맨Walkman이 그랬고, MP3플레이어가 그랬다. 그렇다면 스마트폰은? 웨어러블 기기는? 20년 후에도 이들이 존재하고 있을까? 오히려 40년 전부터 존재한 롤렉스Rolex 시계는 20년 후에도 존재하리라 확신한다. 왜 급성장한 아이템은 급히 쇠퇴할까? 그 이유는 바로 그들이 급성장한 배경에 있다. 첫째, 최고 사양이기 때문이다. "따라올 테면 따라와봐" 식의 전략으로 초반 시장의 관심을 끌기에는 충분하다. 하지만 고객은 최고 사양을 필요로 하지 않는다. 오히려 화려한 사양이 부담스럽다. '질리는 스타일'이라 하겠다.

둘째, 트렌디하기 때문이다. 트렌드는 분명 매력적인 코드다. 문제는 트렌드가 항상 변한다는 것이다. 20년간 계속 이를 적중시킬 확률은 '0'에 가깝다.

셋째, 최저가이기 때문이다. 최저가라면 고객의 주목을 받고 지갑을 열게 하기에 충분하다. 하지만 싸서 장수한 제품은 세상에 없다.

넷째, 유통을 장악했기 때문이다. 전 세계 어떤 제품도 한 세대 넘게 유통을 장악한 사례는 극소수에 불과하다.

장수 아이템 옆에 붙어 있어라

그렇다면 어떤 아이템들이 앞으로도 장수할까? 첫째, 장수할 아이템 옆에 붙어 있다면 장수하지 않을까? 6세기에 설립된 세계 최장수 기업인 일본의 곤고구미金剛組는 사찰과 문화재 복원을 전문으로 한다. 문화재를 고치다보니 스스로 문화재가 된 것이다. 벌목업 역시 오래갈 것 같다. 식목일이 지정된 지 40여 년이 지난 지금, 벌목할 만한 나무들도 많아졌고 빽빽한 나무들을 솎아줘야 할 필요도 있지 않을까? 대목장, 소목장, 숯제조 등도 주목할 만하겠다. 1970~80년대 우후죽순으로 들어선 소형 빌딩의 유지보수도 나쁘지 않겠다. 명품 수선에 쓰일 정밀 대체 부품의 제작도 고려 대상이다. 장수브랜드의 비스포크(Bespoke, 말하는 대로라는 뜻의 'Be spoken for'에서 파생한 말로 본래는 맞춤정장을 뜻하였으나 고객의 개별 취향을 반영해 제작하는 물건을 통칭한다) 라인을 전문적으로 외주 처리하는 일도 나쁘지 않겠다.

부모가 사준 브랜드는 신뢰를 준다

둘째, 어린 시절 부모가 선택해준(스스로 선택할 수 없었기에) 아이템은 본인이 부모가 되어서도 자녀에게 똑같이 사주게 된다. 대표적으로 프로야구 구단이 그렇다. 부모가 좋아하던 팀을 나도 별 저항 없이 좋아하게 되고 결국 내 자녀도 그들의 팬이 된다. 종교도 그렇다. '모태신앙'이라는 말이 있을 정도로 부모의 종교를 그대로 따르는 것이 일반적이다. 과자, 우유 같은 간식부터 연고, 종합감기약 같은 상비약까지 모두 부모로부터 나를 거쳐 자녀에게 간다. 부모와 애착관계를 형성할 시기에 접했던 만큼 그 브랜드에 대한 믿음이 있기 때문이다. 반면, 부모에게 가장 저항이 심한 나이 때(10대 중반에서 20대 중반), 부모의 선택에 반反하여 나 스스로 선택했던 아이템은 오히려 단명할 가능성이 높다. 나도 부모의 바람과 정반대로 선택했듯, 내 자녀도 나의 바람과 정반대로 선택할 가능성이 높기 때문이다. 청소년 대상 의류 브랜드가 대표적인 단명 아이템이다.

감정노동은 사라지지 않는다

셋째, 감정노동은 대표적인 장수 아이템이다. 인공지능과 로봇이 대체할 수 없는 영역이다. 매년 발표되는 '미래에 없어질 직업' 리스트에서 항상 상위권을 차지하는 것이 비서와 운전기사다. 하지만 쉽게 없어지지 않을 것이다. 이들의 핵심 업무는 스케줄관리와 운전이 아닌, 임원들의 흔들리는 감정을 잡아주는 평형수平衡水 역할이기 때문이다. 인간의 업무 스트레스가 크다고 기계로 대체되어야 한다는 논리라면, 운동의 고통이 크니 인간 대신 로봇이 운동해야 한다는 것과 같다. 감정노동자들의 월급에는 이러한 감정노동에 대한 대가 역시 포함되어 있다. 물론 지금은 감정노동이 그 노동의 강도에 비해 저평가되어 있는 것이 사실이다. 하지만, 기계가 감정노동을 대체할 수 없음을 사회가 깨닫게 된다면 감정노동은 향후엔 정당한 대가를 받게 될 것이다.

딸딸이(슬리퍼)와 한정판 레고 블록

장수 기업의 품목별 매출을 보면 그 기업의 장수 제품 상위 50%가 그 기업 전체 매출의 80% 이상을 차지한다. 삼성전자의 경우에도 스마트폰 매출 중 프리미엄급 모델이 차지하는 비중은 29%에 불과하다. 첨단 모델보다 보급형 모델이 매출에 있어서는 효자 역할을 하는 것이다. 동창회에서 친구들이 무슨 사업을 하느냐고 물어보면 그에 대답할 때나 첨단 아이템이 좋지, 오래된 아이템들이 오히려 실속 있다. 그런 점에서, 나에게 지금 창업하라고 한다면 두 가지 아이템을 고민하겠다.

첫째, 시장에서 파는 딸딸이(슬리퍼의 부산 사투리)다. 이렇게 질기고 편한 제품이 사라질 리 없다. 제대로 만들어보고 싶다. 혹시 아나? 일본의 아사히ASAHI 고무장화를 능가하는 세계적인 제품을 만들게 될지도 모른다.

둘째, 완구 레고에 들어갈 한정판 특수 블록이다. 특수 재료를 사용해 정밀 절삭 가공하여 레고 마니아들에게 팔고 싶다. 물론 레고 본사로부터 라이선스를 받아서 말이다. 이걸 현실화할 수 있다면 굶지는 않겠다. 야무지게 잘만 만들면 말이다.

#17

1, 2, 3, 4, 5, 6차 산업?
1, 2, 3, 3′, 2′, 1′차 산업!

산업은 회귀 중이다

최근 우리 경제의 화두는 4차 산업혁명이다. 더 나아가 5차, 6차 산업까지 회자되고 있다. 누군가 우스갯소리로 그러더라. "4차 산업은 10대 때 첫 키스와 같다. 누구나 관심을 가지지만 누구도 그것이 무엇인지 모른다"고 말이다. 나 역시 4차 산업이 뭔지 모르겠다. 5차 산업은 2차＋3차 산업이라 하고 6차 산업은 1차＋2차＋3차 산업이라는데 이는 더더욱 모르겠다. 여하튼 나도 잘 모르는 산업의 진화에 대해 언급하는 이유는, 산업 발전이 1, 2, 3, 4, 5, 6차 산업이 아닌, 1, 2, 3, 3′, 2′, 1′차 산업으로 오히려 회귀하고 있기 때문이다.

1인 산업으로 회귀 중이다

먼저 3차 산업이 3′차 산업으로 전환되기 시작했다. 3차 산업이란 금융, 서비스, 유통, 관광, 콘텐츠 산업을 의미하는데, 이들이 1, 2차 산업보다 먼저 전환되기 시작한 이유는 젊고 다이내믹한 인재들이 이 분야에 집중되었기 때문이다. 왜 그들이 이 분야에 집중되었을까? 가장 돈이 많이 몰리기 때문이다. 서울 시내에서 젊은이들이 많이 몰리는 곳을 보라. 가장 땅값이 비싸고 돈이 많이 몰리는 지역이다. 그들에 의해, 금융은 핀테크로, 서비스는 개별화된 1인 서비스(피트니스센터의 PT와 같은)로, 유통은 모바일로, 콘텐츠는 아프리카TV 같은 1인 방송 형태로, 즉 3′차 산업으로 빠르게 전환 중인 것이다. 이어서 2차 산업의 2′차 산업으로의 전환이 이루어질 거다. 2′차 산업의 가장 대표적인 모습이 흔히 메이커스Makers 운동이라고 불리는 '1인 제조'다. 즉, 1인 소비에 대응하기 위한 작은 생산 유닛Unit에 의한 제조가 2′차 산업의 주류가 될 것이다. 마지막으로 1차 산업의 1′차 산업으로의 전환이 이루어질 것이다. 농촌 농업에서 도시 농업으로, 잡는 어업에서 양식 어업으로, 채굴 광업에서 도시 광업으로, 태우는 에너지에서 재생 에너지로 전환될 것이다. 물론 1′차 산업의 대표적인 모습 역시 1인 농업과 1인 양식업이 될 것이다. 결론적으로 1, 2, 3차 산업을 망라한 가장 큰 변화의 특징은 '1인 산업'이다. 1인이 소비뿐만 아니라 생산의 주체가 되는 세상이다.

저승돈 벌어다가 이승에서 쓴다

1인 산업의 추세를 예측하는 데 있어 흥미로운 통계가 하나 있다. 중소기업청의 1인 창조기업 실태조사에 따르면, 전체 업종 평균 연매출이 8,700만 원인데 비해 1차 산업인 농림어업은 2억 2천만 원, 2차 산업인 제조업은 1억 4천만 원이다. 3D 업종이라고 기피하던 이들 1차, 2차 산업의 1인당 매출이 3차 산업보다 월등히 높은 것이다(물론 3차 산업에 비해 1, 2차 산업의 경우 초기 투자 비용이 높고 창업 준비 기간도 길다). "돈은 어렵게 벌어야 한다"는 옛말이 맞다. 여름에 가장 돈을 많이 버는 자는 가장 덥게 일하는 사람이고, 겨울에 가장 돈을 많이 버는 자는 가장 춥게 일하는 사람이다. 그래서 "저승돈 벌어다가 이승에서 쓴다"는 속담도 있는 것이다. 여름에 시원하게, 겨울에 따뜻하게 돈 버는 방법은 없다. 누구나 일하기 원하는 곳엔 돈 벌 일이 없다. 누구든 싫어하는 곳에 장수의 비결이 있다.

결국은 아날로그다

어떤 분야도 깊이 들어가면 결국 그 일의 핵심은 (수치화할 수 없는) 아날로그다. 이탈리아의 세계적인 디자이너 알레산드로 멘디니Alessandro

Mendini는 "기술이 발전할수록 아날로그적 디자인이 생명력을 가진다"고 했다. 최고의 사진작가 로버트 폴리도리Robert Polidori 역시 "디지털은 잊기 위함이고 아날로그는 간직하기 위함"이라고 했다. 그래서 아날로그는 장수한다. 세계 최첨단 기업인 페이스북 사내 연구소에는 수작업 인쇄소와 목공소가 있다. 이건 우연이 아니다. 그들은 머리가 아닌 몸으로 느끼고 움직여야 진정한 창의성과 오래가는 아이디어가 나옴을 알고 있는 것이다.

아날로그는 반복된 훈련이다

아날로그는 한마디로 축적된 경험이다. 그래서 아날로그 기술이란 경험 집약적 기술이다. 반복, 또 반복되는 많은 시행착오의 경험 없이는 한 발자국도 나아갈 수 없는 것이 아날로그다. 그래서, 아날로그는 멋있어 보이는 표면만 살짝 까보면 더럽고 위험하고 어려운 3D의 암반층으로 덮여 있다. 이를 뚫는 데 최소 10년 이상 걸리지만 일단 뚫고 나면 몇십 년은 길어다 먹을 우물이 나오는 것이다. 현재 우리는 3'차에서 2'차로 그리고 1차 산업으로 회귀하는 기술 역전의 시대를 목격하고 있다. 확신컨대, 그간 3D 업종이라며 기피 대상이었던 전통 아날로그 업종이 다시 각광받는 반전의 상황을 맞이하게 될 것이다. 조직보다 개인이 소비와 생산의 주체로 전면에 등장하는 세상, 디지털적 편리성보다 아날로그적 경험이 더 가치 있는 세상, 4차 산업혁명이란 아마도 이런 것이 아닐까?

#18

이름이 20년을 지탱케 한다

브랜드의 중요성

나는 '㈜알에프캠프'라는 1인 제조기업의 대표이사다. 처음부터 1인 기업은 아니었다. 2004년 설립하여 한때는 본사와 중국 공장을 합쳐 200명이 넘는 직원들이 근무하기도 했지만 6년 만에 극심한 경영난으로 혼자 남게 되었고 지금은 어느덧 1인 기업 8년 차가 되었다. 이제는 누가 봐도 '알에프캠프는 유재형이고, 유재형은 알에프캠프'가 된 것이다. 하지만, 유재형에게서 알에프캠프라는 브랜드를 떼는 순간, 장담컨대 지금 매출의 절반도 못할 것이다. 일은 유재형이 다하는 것 같이 보이지만 실제 알에프캠프라는 브랜드가 일의 절반 이상을 하고 있는 것이다. 이것이 14년

된 전 세계 RFID 최장수 브랜드 중 하나인 알에프캠프의 힘이며 가치인 셈이다.

불황일수록 장수브랜드를 찾는다

브랜드는 나이를 먹을수록 그 힘이 강해진다. 특히 불황이 길어질수록 장수브랜드로 소비가 집중된다. 하나를 사도 신중하게 사려는 경향이 생기기 때문이다. 심지어 충동구매여도 장수브랜드를 구매하는 비중이 높다고 한다. 충동구매자들이 아무거나 막 살 것 같지만, 오히려 기억 속에 깊이 각인된 제품을 본능적으로 고르는 경향이 강하기 때문이다. 그래서 장수 브랜드가 퇴출되는 시기를 보면 불황기보다 호황기일 때가 훨씬 많다. 주머니가 두둑할 때 새로운 시도를 하는 소비자들이 많아지기 때문이다.

'이름'을 살 때 가격은 문제가 아니다

그래서 불황일수록 조금 비싸더라도 쓰던 제품을 계속 쓰는 소비자들이 많아지고, 그만큼 브랜드의 가치는 올라간다. 사실 우리가 물건의 '기능'을 살 땐 가격이 문제가 되지만, 물건이 아닌 '브랜드'를 살 땐 가격이 전혀 문제되지 않는다. 왜냐하면, '이름'을 살 땐 그 이름의 가치를 인정하느냐 안 하느냐가 문제지, 가격은 부차적인 문제이기 때문이다. 그래서 시장바닥에서 비닐백 하나 살 땐 1,000원 한 장도 깎으려 하면서 백화점에서 명품백 살 땐 군소리 없이 제값 주고 사는 것이다. 이런 소비자의 행태는 매우 합리적인 것이다. 더구나 장수브랜드일수록, 고객들은 브랜드가 결정한 정가定價에 대한 거부감이 없다. 그간 많은 사람들이 그 가치를 인정하고 정가에 구매한 브랜드인 만큼 나도 주저 없이 그 값을 지불할 수 있는 것이다. 시장표 비닐백은 아무리 싸도 한번은 깎아야 성에 찬다. 단돈 100원이라도 남들보다 비싸게 주고 샀다는 것 자체가 참을 수 없기 때문이다.

제조 국가 자체가 브랜드다

그래서 브랜드에 자신이 없을 때 제품은 기능을 내세운다. 브랜드에 자신이 없을 때, 스타 연예인만 앞세운다. 브랜드에 자신이 없을 때, 자주 가격이 바뀐다. 최근엔 이름만큼이나 제조국도 중요해졌다. 명품브랜드라도 제조국이 중국이나 베트남일 경우, 고객은 차라리 짝퉁을 산다. 어차피 그게 그거란 생각이 들기 때문이다. 이제 제조국이 브랜드인 시대가 왔다. 누구나 만들 수 있는 일회용 볼펜과 라이터 시장에서 빅BIC이 60년을 생존할 수 있었던 이유는, 85% 이상을 자국 내 프랑스에서 생산해왔기 때문이다. 중국이나 인도에서 생산했다면 벌써 문 닫았다. 독일의 통계 기관 스타티스타Statista에서 발표한 '가장 신뢰받는 상위 20개 제조 국가'에서 유럽이 무려 15개국이나 이름을 올렸다(1위 독일, 2위 스위스). 여기 대한민국은 없었다. 첨단 정밀 반도체 분야에서 초일류 기술을 보유한 우리가 20위권에 명함도 못 내민 이유는 무엇일까?

역逆스피드 경쟁의 시대

그간 우리 스스로의 매력을 '스피드'에서만 찾았기 때문이다. 2000년대 이후 가격경쟁에서 밀려 스피드에서 경쟁력을 찾으려 하다보니 우리 스스로 속도를 제어하지 못하는 수준까지 온 것이다. 브랜드의 가치는 서두를수록 낮아진다. 빠르게만 가려다보니 뜸이 덜 든 제품만 나오고 이런 2% 부족한 이미지가 제품의 가치를 갉아먹는 것이다. 그래서 20년은 어떻게 하면 천천히 갈 수 있을까 하는 나 자신과의 '역스피드' 싸움이다. 이 싸움에서 이기기 위해선 두 가지가 필요하다.

선한 영향력

첫째, 품질을 초월한 '무엇'이 있어야 한다. 20년을 가려면 '선한 영향력'을 끼쳐야 한다. 내가 속한 사회에 대한 책임감을 가져야 한다. "착하게 오래 살자"는 말이 아니다. "오래 살려면 착해야 한다"는 말이다. 개성상인들이 "술장사, 돈장사, 여자 장사 하지 마라"는 건 착한 장사꾼이 되라는 의미가 아니다. 사행성과 음란을 조장하고 환경 및 건강을 해치는 아이템은 당장 돈은 벌지 몰라도 오래가지 못하니, 장수하려면 이런 장사는 하지 말라는 것이다. 통계는 없지만 회사 이름을 자녀 이름으로 하는 경우 폐업률이 현저히 낮지 않을까? 자녀 이름 걸고 술장사, 돈장사, 여자 장사 할 사람은 없을 테니 말이다.

지겹도록 일정한 패턴의 유지

둘째, 일정한 패턴을 유지해야 한다. 옆에서 보기에도 지겨울 정도로 말이다. 얼마 전 야구 중계를 보는데 이승엽이 홈런을 쳤다. 캐스터가 "우리는 아직 이승엽 시대에 살고 있습니다" 하는데, 그와 동시대를 살아온 나로선 정말 콧등이 찡했다(나는 삼성 팬은 아니다). 이승엽과 메이저리그 3,000안타를 기록한 일본의 야구선수 이치로의 공통점은 숨막힐 정도로 동일한 생활패턴의 유지다. 이런 매일매일의 습관―중독되지 않으면 할 수 없을 것 같은―이 그들을 살아 있는 명품으로 만들고 명예의 전당에 입성케 하는 것이다. 아마 그들의 체중을 재보면 20년 전에 비해 10%도 늘지 않았을 것이다. 톡톡 튀는 아이디어와 스피드가 당장의 돈을 만들지는 몰라도, 명품은 절대 만들어내지 못한다. 스피드만 중시하던 산업구조에서는 무시당하던 이런 '반복된 지겨움'이 역스피드의 시대에서는 그 가치를 인정받을 것이다. 이것에 한 치의 의심도 없다.

#19

고객과 고향은
멀수록 좋다

쉬운 상대가 되어서는 안 된다

창업을 고민한다면, "어떤 아이템을 할 것인가?" 만큼이나 "어디서 할 것인가?"도 중요하다. 나에게 묻는다면, "고객과 고향은 멀수록 좋고, 재료 산지와 집은 가까울수록 좋다"고 답하겠다. 왜 고객과 고향은 멀수록 좋을까? 고객과의 접촉이 필요 이상으로 많아질수록, 고객의 말을 필요 이상으로 많이 들을수록, 내 회사와 내 제품이 중심을 잃고 흔들린다. 고객에게 빼앗기는 에너지는 정말 상상이다. 고객과는 딱 필요한 수준까지만 접점을 찾으면 된다. 딱 필요한 수준이란, '최선의 제품을 제공하기 위해서 필요한 수준'이다. 최선의 제품을 만드는 데 도움이 되지 않는다면, 아무리 VIP가 요청하더라도 아무때나 만나서는 안 된다. 사장은 커피 한잔 마시자면 언제든 만날 수 있는 쉬운 상대가 되어서도 안 된다. 고객은 내가 필요할 때 만나야지, 그가 원한다고 아무때나 만남을 허락하면 안 된다. 회사의 가치는 결국 사장의 가치고, 사장의 가치는 결국 그의 시간의 가치다. 사장이 자신의 시간을 하찮게 여기면 회사의 가치도 그만큼 낮아지는 것이다. 고객과의 만남은 이렇듯 선별하되, 협력 회사나 직원과의 만남은 그쪽에서 원하면 무조건 만나야 한다. 그들은 언제든 '최선의 제품을 제공하기 위해 필요한' 사람들이기 때문이다.

고객은 언제든 남이 될 수 있다

고객은 회사를 둘러싼 모든 이해관계자들—직원, 협력 회사, 투자자, 채권자 등— 중 그 관계가 가장 유동적이고 불안정하다. 서로 조금만 틀어져도 언제든 남남이 될 수 있는 사이다. 헤어져야 할 땐 언제든 헤어져야 되는 관계인 것이다. 하지만 가까이 붙어 있다보면 헤어질 때 헤어지지 못하고 오히려 질퍽거리게 된다. 식당 일급 알바를 고용할 때도, 안 좋게 헤어지면 동네에 이상한 소문 퍼질까 식당 주변에 사는 사람은 뽑지 않는 게 원칙인데 고객이야 오죽하겠나?

좀 다른 얘기지만, 20년 장수하려면 정부 관급 사업에 대한 의존도를 가급적 낮추어야 한다. 독점사업자인 '관官'과 좋은 관계를 20년 이상 유지한다는 건 쉬운 일이 아니다. 특히 2년마다 순환보직이 이루어지는 관의 특성상 20년간 10명의 담당자와 좋은 관계를 유지하는 건, 불가능에 가깝다. 장수하려면 특정 고객에 대한 의존도를 낮출수록 좋다. 아무리 돈이 필요해도, 특히 고객에게는 돈 꾸는 거 아니다. 고객에게 꾼 돈은 실제 고리 사채 이상으로 비싸다. 보이는 이자는 낮더라도, 보이지 않는 제품 공급 조건에서의 불리함을 감수해야 하기 때문이다. 고객은 너무 가까워서도, 멀어서도 안 되는 어려운 관계인 것이다.

고향에서의 창업이 더 어렵다

장수 기업의 경우 창업자가 연고가 없는 먼 곳에서 시작한 경우가 많다. 고향은 나를 잘 아는 만큼 나에 대한 고정관념을 가진 곳이며, 그만큼 나도 그 고정관념 안에 갇혀 있기 쉬운 곳이다. 창업은 바닥부터 시작해야 하는데, 나를 잘 아는 곳에선 정말 밑바닥부터 다져가기가 쉽지 않다. 악착같이 철저히 일을 하면 매정하다는 소리를 듣고, 반대로 사람 좋다는 말을 듣다보면 사업은 엉망진창이 된다. 또한 나의 부모에 대한 고향에서의 평가가 나에 대한 선입견으로 작용하기 때문에 사업이 안되도 부모 탓, 잘되도 부모 탓이란 말을 듣기 쉽다. 즉, 사업이 안되면 안되는 대로 구설수에 오르고, 잘되면 잘되는 대로 취업과 빚 청탁이 끊이지 않는다.

고향을 팔면 2년도 못 간다

　최악의 경우는 고객과 고향이 모두 가까운 것이다. 즉 고향에서 고향 사람을 상대로 장사를 하는 것이다. 해본 사람들은 알겠지만, 이런 사업은 무조건 앞으로 남고 뒤로 까진다. 남는 것 같아도 이런저런 동네 행사와 경조사 챙기다보면 남는 게 없다. 이와 비슷한 경우가 예전 직장 동료나 동창, 친척 상대로 사업을 하는 것이다. 나중엔 돈도 사람도 다 잃는다. 어떤 사람을 내 영업 대상으로 생각하는 순간 그는 내 인생에서 영원히 사라진다고 생각하면 딱 맞다. 내 삶에서 소중한 사람일수록 사업의 대상으로는 생각지 말아야 한다. 그들 없이는 도저히 물건을 팔 자신이 없다면 처음부터 아예 창업하지 마라. 그런 생각으론 20년이 아니라 2년 가기도 힘들다. 영업은 고향을 파는 게 아니라 내 제품을 파는 것이다. 고객은 고향을 사는 게 아니라 내 제품을 사는 것이다. 이것을 절대 착각해선 안 된다.

#20

재료 산지와 집은 가까울수록 좋다

좋은 요리사는 예능프로보다 농장을 찾는다

EBS에서 방영되었던 〈직업의 세계 ─ 일인자〉라는 프로그램이 있다. 각 분야의 명인 명장들의 삶을 돌아보는 30분짜리 다큐멘터리였는데, 재미있는 사실은 그들 중 상당수가 운전면허가 없었다는 점이다. 사실 그들은 운전할 필요가 없었다. 고객들은 명인 명장들의 제품이라면 전국 어디서든 찾아오고, 작업장과 집이 붙어 있으니 출퇴근할 필요도 없고, 재료 역시 산지가 근처에 있어 알아서 배달해주니 차가 필요 없는 것이다. 결국 그들을 일인자로 만든 건 가까운 산지와 집이었다. 이 프로그램 총 80여 회를 모두 본 후 기억나는 건 세 가지였다. ①좋은 요리사는 예능프로보다 농장을 더 찾는다. ②인삼은 사람 발소리를 들어야만 잘 자란다. ③좋은 유기 공방은 문지방이 얼마나 닳았는지를 보면 안다. 결국 산지와 현장을 다닌 횟수만큼 그 분야의 일인자가 되는 것이다.

제품의 혁신은 재료의 혁신에서 온다

먼저 재료 산지에서 가까워야 하는 이유는 다섯 가지다. 첫째, 자주 가 봐야 신선하고 좋은 재료를 선점할 기회가 많아지기 때문이다. 재료의 질을 결정하는 건 결국은 발품과 눈썰미다. 아무리 인터넷과 모바일 상 거래가 발달해도 말이다.

둘째, 산지에 가야 경쟁자에 대한 정확하고도 가장 최신의 정보를 획 득할 수 있기 때문이다. 경쟁자에 대해 가장 잘 아는 건 그들의 고객이 아닌 그들의 산지다. 고객에게는 잘 보이려 얼굴에 화장을 하지만 산지에 서는 민낯을 보이기 때문이다.

셋째, 시장의 변화는 고객의 변화가 아닌 재료의 변화에서 오는 경우 가 많기 때문이다. 제품의 근본적인 혁신은 재료의 변화에서 온다(그래서 인류 역사를 석기, 청동기, 철기, 플라스틱, 반도체 시대 등 재료로 구분하는 것 이다). 그런 변화는 오직 산지에서만 감지할 수 있다.

넷째, 업종에 따라 다르긴 하지만, 산지는 대개 물류 인프라가 열악한 외곽에 위치하므로 재료 조달에 차질을 빚을 가능성이 늘 있다. 산지에 가까울수록 안정된 재료 조달이 가능하다.

다섯째, 좋은 산지의 경우 그곳엔 경쟁자들이 밀집할 가능성이 크고 그러면 그곳은 많은 고객들이 오가는 유통거점으로도 발전될 가능성이 높다. 경쟁자에 비해 먼저 그곳을 선점하고 있으면 결국 내가 그 지역의 터줏대감으로 자리잡을 가능성이 큰 것이다.

사업장에 쉴새없이 들락날락해야 한다

다음으로, 집에서 가까워야 하는 이유는 첫째, 사업장 바닥에 찍힌 내 발자국 수만큼 제품의 품질이 좋아지기 때문이다. 그래서 사업장엔 쉴새없이 들락날락해야 한다.

둘째, 쓸데없는 시간 낭비가 줄어들기 때문이다. 출퇴근시간을 말하는 게 아니다. 피곤할 때 언제든 제대로 쉴 수 있는 집이 가까이 있다는 건 정말 큰 시간 절약이다. 한 시간을 쉬어도 집이 최고다.

셋째, 자녀의 가업승계를 위한 교육 측면에서도 유리하기 때문이다. 부모가 일하는 현장을 자녀가 가까이에서 보는 것만큼, 좋은 훈련은 없다. 어릴 때부터 그들의 머릿속에 가업에 대한 개념이 확실히 각인되는 것이다. 승계 직전에 하루종일 붙잡고 훈련시켜봐야 관계만 나빠진다.

사장은 회사의 병목구간에 미리 가 있어야 한다

넷째, 회사와 가계의 주거래은행을 통합 관리함으로써 급할 때 자금을 대출받기가 쉽다. 사무실 부재 시 집에서 긴급한 택배를 수령하거나 발송할 수도 있다. 아무것도 아닌 것 같지만 정말 큰 이점이다.

다섯째, 사장은 언제나 회사의 모든 공정 가운데 그 흐름이 막힐 만한 병목Bottleneck구간에 미리 가 있어야 한다. 그러려면 집과 회사가 가까워야 한다. 전화나 CCTV로 해결할 수 있는 문제가 아니다. 몸이 그곳에 가 있어야 한다.

#21

레드오션이
차라리 낫다

변화의 허풍에 휩쓸리지 말자

세계경제포럼(World Economic Forum, 다보스포럼)에서는 매년 '10가지 새로운 기술 Top 10 Emerging Technologies'을 발표한다. 제목만 봐도 머리가 띵한 그 기술들을 여기서 나열하지는 않겠다. 한 가지 흥미로운 사실은, 5년 전인 2012년에 발표한 10가지 기술 중에 지금까지 상용화된 것은 하나도 없다는 점이다. 그만큼 기술은 급격히 변하는 것 같아도 실제 상용화되어 돈이 된 기술은 극소수에 불과하다. 내가 지금 하고 있는 일이 기술의 쓰나미 속에 휩쓸려 가지 않을까 노심초사하지만, 실제 그럴 일이 발생할 확률은 극히 드물다. 그러니 변화의 허풍에 휩쓸리지 말고 지금

하던 일이나 야무지게 잘하자.

블루오션 좋아봐야 레드오션이면 다행이다

모든 예비창업자들이 선망하는 블루오션 시장, 이는 어쩌면 신기루에 불과할지 모른다. 멀리서 보면 블루오션 같은데 막상 들어가면 이미 레드오션 또는 그레이오션(시장은 정체되고 퇴출 업체들이 늘고 있지만 여전히 신규 진입자가 있어 가격이 급락하는 시장)이 되어 있는 것이다. 주변에 만난 창업자들 중에 본인이 블루오션에 있다고 자신 있게 말한 창업자는 단 한 분도 못 뵈었다. 그만큼 블루오션은 보통의 운을 가진 우리에게는 사실상 없거나 눈 깜짝할 사이에 지나가는 시장이 아닌가 싶다. 그리고 우리가 블루오션이라고 생각하는 그때는 이미 경쟁이 진행될 때로 진행된 것이 아닐까? 그래서 냉정하게 판단했으면 한다. 내가 블루오션이라 생각한다면 실제는 레드오션이고 내가 레드오션이라 생각한다면 실제는 그레이오션이나 데드오션이라고 말이다. 그런 면에서 블루오션(실제 레드오션)에 뛰어들기보다는 차라리 레드오션(실제 그레이오션 또는 데드오션)에 뛰어드는 것이 낫지 않을까? 이제 다들 빠져나오려고 하거나 빠져나온 시장, 한계기업들이 정리되기 시작하는 그때가 오히려 창업엔 적기가 아닐까? 어차피 블루오션을 찾을 확률은 '0'에 가까우므로, 뒷북 확실히 치는 게 낫다는 얘기다. 뒷북이란 결국 블루오션이 오는 길목이 될 것이기 때문이다. 시장의 사이클은 돌고 돈다. 데드오션 다음은 블루오션

108

이라는 말이다.

갈라파고스 전략

얼마 전 신문에서 우리나라 블루베리 농장의 25%가 저가의 외국산 블루베리의 공습으로 곧 폐장할 예정이라는 기사를 봤다. 폐장할 농가에겐 죄송한 말씀이지만, 나는 이런 위기가 오히려 생존한 농가에게는 절호의 기회가 될 거라 생각한다. 국산 블루베리가 갖는 차별성은 명확하기 때문에, 기존의 고객 중 국산을 선호하는 그룹을 따로 분리하는 전략 ― 나는 이를 '갈라파고스 전략'이라 부른다 ― 이 성공한다면, 대박은 힘들더라도 장수 아이템으로는 생존하지 않을까? 아무리 시장이 작더라도 갈라파고스 전략이 들어만 맞는다면 그 업은 장수할 가능성이 높다.

데드오션도 다시 보자

죽은 아이템의 관뚜껑을 다시 여는 것도 좋은 전략이다. 최근 25년간 영국에서 LP판이 가장 많이 팔린 해가 바로 작년이라고 한다(올해는 더 많이 팔릴 것이다). 그간 디지털 음원에 하염없이 밀렸던 LP판이 연 40% 성장을 거듭하고 있다. 아날로그 음원에 대한 향수가 죽은 LP판을 다시 살리고 있는 것이다. 우리나라에선 최근 두석(豆錫, 주석으로 만든 전통 자물쇠와 열쇠 뭉치)을 찾는 사람들이 다시 늘어나고 있다고 한다. 이런 전통 자물쇠들은 보안적 기능만으론 그 의미를 상실한 지 오래지만 그 미적가치는 다시 각광받고 있는 것이다. 아버지 혼자 독상獨床을 받던 가부장적 문화에서 많이 쓰였던 소반小盤도 최근 혼밥하는 1인 가구가 늘어나면서 찾는 고객들이 많아지고 있다고 한다. 휴대폰의 보급으로 명맥만 유지하던 무전기는 최근 LTE망을 사용할 수 있게 되면서 통화품질 및 속도, 비용 및 부가서비스 측면에서 획기적인 개선이 가능해졌다. 다수의 동시 통화가 가능한 무전기의 르네상스 시대가 다시 오고 있는 것이다.

명품 우산 한번 만들어봤으면

창업을 고려할 만한 데드오션 업종의 예를 두 가지 들겠다. 첫째, 3년 이상 된 휴대폰만을 대상으로 한 케이스 제작 사업이다. 장기 불황으로 고객들의 휴대폰 교체 기간이 점점 길어짐에 따라 늙은 휴대폰을 화려하게 회춘시킬 케이스 사업이 해볼 만하겠다. 모두들 최신 폰에 주목할 때 늙은 폰으로 방향을 잡는 것이다.

둘째, 명품 우산 사업이다. 우리나라 전통 자수와 매듭, 칠기와 금속 세공, 죽공예와 목공예가 모두 융합된 우산 말이다. 이탈리아 파소티Passoti 우산보다, 일본의 마부MABU 우산보다 우리가 좋은 우산을 못 만들 이유는 하나도 없다. 언젠가는 패션의 중심이 돌고 돌아 우산에 꽂힐 날이 올

것이다. 60여 년 전 영화 〈쉘부르의 우산〉으로 패션의 중심이 우산이었을 때처럼! 그때 가서 우산을 만들기 시작하면 이미 레드오션이다. 데드오션인 지금부터 준비해야 블루오션을 마중할 수 있다.

#22

오래 만들수록
제품은 장수한다

한 공정 더하는 것이 장수의 비결이다

서울 광진구에 위치한 사철탕집이 있다. 40여 년 전 지금의 자리에 개업한 이 식당은 동네 주민들에게조차 잘 알려져 있지 않지만, 아는 단골은 전국에서 찾는 전국구 식당이다. 근데 이 가게의 가장 유명한 메뉴는 김치다. 사장님이 직접 담근 1년, 2년, 3년 묵은 김치를 모두 내놓는데, 숙성기간에 따른 특유의 김치 맛을 함께 즐길 수 있다. 고객 입장에선 사장님의 3년 정성을 낱낱이 맛볼 수 있는 것이다. 장수하는 가게를 보면 그 제품을 만드는 과정 역시 오래 걸림을 알 수 있다. 한 공정 한 재료를 덜어 내는 것보다 한 공정 한 재료를 더하는 것이 20년 장수의 비결인 것이다. 수제 스테인리스 그릇을 만드는 30년 장수 기업이 있다. 이들은 완성된 그릇을 반들반들하게 유광 작업한 후 다시 새틴Satin으로 문질러 광을 없앤다. 어차피 광 없이 팔 거면서 왜 유광 작업을 하냐고? 그게 바로 장수의 비결이다.

방망이 깎던 노인

　중학교 시절 교과서에서 읽었던 작가 윤오영의 『방망이 깎던 노인』이라는 수필이 있다. 방망이 한 자루 사려고 기다리는데, 다 깎은 것처럼 보이는 방망이를 계속 다듬는 것을 보고 이제 됐으니 그냥 달라고 해도 아랑곳하지 않고 계속 다듬던 노인을 묘사한 작품이다. 뭐 이런 노인이 다 있나 욕하며 집에 가져다줬더니 이렇게 좋은 방망이를 어디서 구했냐며 아내가 좋아하더라는 실화다. 그 노인이 방망이를 깎아주던 때를 1936년이라 했으니, 수필을 쓴 때(1976년)로부터 40년 전이다. 그리고 올해가 2017년이니 수필을 쓴 때로부터 다시 40년이 지났다. 세상은 40년 전이나 40년 후나 똑같다. 시간은 품질을 낳고 품질은 추억을 낳는다. 도검 제작으로 유명한 중국 룽취안 최고 도검장의 명언이 있다. "도검 제작은 평생 서두르지 않는 방법을 배우는 것이다." 그래서 그가 만든 도검 한 자루가 시가 9억 원에 이르나보다. 돈은 시간이 벌어준다.

오래 만들수록 오래간다

포유류의 경우 임신기간과 동물의 수명이 비례한다. 개의 임신기간은 약 62~68일로 15년 정도를 사는데, 말의 임신기간은 약 340일로 25~35년을, 범고래의 임신기간은 약 490일로 80년 정도를 산다. 제품도 마찬가지다. 오래 품고 정성을 들일수록 오래간다. 좋은 가야금일수록 오동나무의 건조 기간이 중요하다. 그래서 가야금은 아버지가 널고 아들이 짠다고 한다. 팔만대장경 1,000년의 비밀은 오래된 나무, 오랜 건조, 오랜 칠 공정에 있다. 저온에서 오래 숙성시킨 와인이, 저온에서 오래 살균한 우유가, 저온에서 오래 도장한 자동차가 그만큼 비싸고 좋은 데에는 다 이유가 있다. 시간만이 품질과 가치를 보증한다. 이제 'Made in Korea'는 오래 만드는 데 사활을 걸어야 한다. 20년을 준비하는 우리도 예외는 아니다.

100% 준비된 후 출시하라

사기장沙器匠 김정옥 선생은, 사기 한 그릇 만드는 데 5년 2개월이 걸린다고 한다. 2개월은 사기 만드는 데 걸리고, 5년은 사기 구울 땔감 건조시키는 데 걸린단다. 사기를 빚는 건지 인내심을 빚는 건지 모르겠다. 영국 최고의 가전업체로 먼지봉투 없는 진공청소기와 날개 없는 선풍기로 유명한 다이슨Dyson의 아시아 연구개발 책임자인 짐 루버스Jim Roovers는 "많은 회사들이 날짜를 미리 정해놓고 제품 출시를 맞추는 데 비해, 우리는 제품을 준비한 후 출시일을 잡는다. 진공청소기의 경우 개발에만 15년이 걸렸다"고 한다. 출시된 지 25년이 된 이 제품이 여전히 전 세계에서 가장 사랑받는 명품 청소기가 된 건 우연이 아니다.

미세화의 역설

심지어 반도체 분야에서도 '느림의 미학'이 적용된다. 소위 '미세화의 역설'이라는 것인데, 반도체 생산이 고도화될수록 공정이 빨라지고 생산 수량이 많아져 공급과잉으로 가격이 떨어질 것 같지만, 오히려 공정이 미세화될수록 그 생산 속도가 느려져 공급이 제한됨으로써 반도체 가격이 더이상 떨어지지 않는 것을 말한다. 최근 반도체가 호황을 누리는 이유도 예상만큼 하락하지 않은 반도체 가격의 영향이 크다.

기다리게 하는 것도 매력이다

이제 스피드는 더이상 매력포인트가 아니다. 오히려 기다리게 하는 것이 매력일 수 있다. 맛있는 식당을 검색하면 '줄 서서 기다리는 맛집'이 수두룩한 것도 바로 이런 이유에서다. 미국의 여행 정보 앱 트립어드바이저TripAdvisor에서 '세계에서 가장 더러운 관광지' 2위로 선정한 Gum Wall(껌 벽)이라는 곳이 있다. 미국 시애틀의 파이크 플레이스 마켓Pike Place Market에 위치한 영화관 앞의 담벼락인데, 영화을 보려고 기다리던 손님들이 씹던 껌을 붙이던 것이 소문이 나, 영화를 보기 위해서가 아니라 오히려 벽에 껌을 붙이려고 줄을 서는 진풍경이 연출되기도 했었다고 한다. 고객은 기다릴 만한 가치가 있으면 기다린다. 껌 붙이고 사진 찍고 SNS에 올리면서 말이다.

고객은 제품이 아닌 기억을 공유한다

고객은 제품이 만들어지는 과정부터 그 기억을 함께 공유하기를 원한다. 그 과정 하나하나 오감으로 느끼기를 원하고 그런 경험을 제공한 제품에 감동한다. 그래서, 고객은 20년의 흔적이 남아 있는 상처 뿐인 나의 손을 보고 싶어하는 것이다. 고객의 이런 행동이 가학적으로 보이는가? 대신 고객은 그 상처 뿐인 손에 대한 대가를 기꺼이 지불하고자 한다. 그것이 고객이다.

#23

벽돌 깨기
vs. 테트리스

벽돌 깨기는 얼마나 빨리 깨느냐의 게임이다

  사업을 단기간 내 성장시키려면 기존의 유통 구조를 파괴하지 않으면 안 된다. 그들은 파괴한 그곳에 자신들이 새로운 가치를 채워넣을 수 있다고 설득함으로써 투자자들로부터 대규모 투자를 유치한다. 이 자금으로 최대한 빠른 시간 내에 기존 유통 구조의 '벽돌 깨기'에 착수한다. 조금이라도 지체되면 다시 벽돌을 쌓으려는 시장의 복원력이 생기기 때문에 서둘러야 한다. 벽돌 깨기 게임에서 얼마나 빨리 깨느냐에 따라 순위가 결정되는 것처럼 이들도 얼마나 기존 구조를 빨리 깨느냐에 사업의 성패가 달려 있다. 이런 파괴자들의 비즈니스는 모 아니면 도다. 못 깨면 죽고 깨면 대박이다. 아마존, 유튜브, 넷플릭스, 쿠팡, 저가 항공사, (백종원) 프랜차이즈, 노브랜드 등은 기존 유통업계 입장에선 '공적公敵'이라 불릴 만큼 시장을 깨부수며 자신들의 영역을 넓혀온 대표적 파괴자들이다. 그들은 욕먹는 만큼이나 창조적 파괴자로 추앙받는다.

테트리스는 얼마나 오래 견디느냐의 게임이다

반대로, 장수하려면 '테트리스' 게임을 해야 한다. 벽돌 깨기가 얼마나 빨리 깨부수냐의 게임인데 비해, 테트리스는 내려오는 블록들을 구석구석에 쌓아가며 얼마나 오래 버티느냐의 게임이다. 장수하는 사업은 테트리스 게임처럼 틈새를 채워야 한다. 예를 들면, 제품 A의 전체 생산공정 중 자체 생산이 어려운 공정 일부를 찾아내 그것을 외주로 대신해주는 것이다. 제품 A가 장수할 제품이고 내가 외주로 하는 공정이 전체 공정 중 가장 불량률이 높고 까다로운 병목 공정이라면 내 사업은 제품 A만큼이나 장수할 가능성이 높다. 원래 병목구간이란 물길의 폭이 좁아 물살이 세고 험한 곳이다. 물살이 험한 곳에 사는 물고기들은 육질이 단단하고 장수한다. 아무도 선뜻 하지 않는 병목구간의 일을 하는 것이 장수의 지름길이다.

눈에 띄지 않는 것이 장수 비결이다

또한 장수하려면 독식하지 말고 함께 나눠야 한다. 남의 고객은 일단 한 번은 그냥 돌려보내야 한다. 오래하려면 눈앞의 이익보다 명분이 중요하다. 시장에서 원성을 얻어가며 그곳에서 20년 장사하기는 쉽지 않다. 옮기면 되지 않냐고? 이렇게 옮긴 가게 중에서 옮긴 곳에서도 원성 안 사는 가게를 거의 못 봤다. 오래하려면 '쓸데없는' 경쟁은 피할 수 있을 만큼 피하라. '쓸데없다'는 건 대세에 지장 없는 사소한 이익을 말한다. 장수하는 사장님들은 장사꾼처럼 보이지 않는다. 사실 장사 얘기도 먼저 꺼내지 않는다. 꺼내더라도 맨 마지막에 아주 짧게 간단히, 미적거리지도 않는다. 이들은 잘 나서지도 않는다. 머리를 내밀면 두더지처럼 망치로 두들겨맞는다는 걸 알기 때문이다. 그들은 주목받는 걸 싫어한다. 온 세상의 주목을 받던 기업이 한순간에 망하는 모습을 많이 봐왔기 때문이다. 그들은 '저것도 기술인가' 할 정도로 누구나 할 수 있어 보이는—막상 해보면 누구도 할 수 없는—아이템으로 조용히 장수한다.

내 아이템에 맞는 최적의 유통 방식이 있다

최근의 유통 환경은 오프라인에서 온라인, 그리고 모바일로 급속히 변하고 있지만, 우리가 알고 있는 대부분의 장수 아이템들은 디지털 이미지로 스마트폰 화면에서 표현하기에는 한계가 있다. 이들은 오감으로 경험해야 하기에 여전히 직접 체험할 수 있는 오프라인 매장이 의미 있다. 장수하려면 변화하는 유통 패턴에도 순응해야 하지만, 내 아이템의 장수 포인트를 정확히 파악해야 나에게 맞는 최적의 유통 방식을 결정할 수 있다. 남들 따라가는 게 능사가 아니다.

후방보다는 전방을 격파하라

현재의 유통 구조에 순응하는 것이 장수에 유리하지만, 생존을 위해 기존의 유통 구조를 파괴하는 것이 불가피하다면 어디부터 깨는 것이 유리할까? 후방(중간 고객)보다는 전방(산지 또는 공급자)부터 깨는 게 낫겠다. 대개는 단박에 매출 마진을 높이고자 후방을 깨고 최종 고객에게 직납하려고 하는데, 이는 나의 고객이었던 중간상인들을 적으로 돌려세우는 결과를 초래한다. 이런 전략은 일단 싸움이 붙으면 내가 죽든 네가 죽든 양자 사이에 끝을 봐야 하는 어려운 게임이다.

반대로 전방을 깨는 경우 고객과의 마찰은 배제하면서 생산을 수직통합할 수 있어 회사와 제품에 대한 신뢰를 높이고 생산비 역시 줄일 수 있겠다. 다만, 투자 비용이 크지 않고 바로 매출과 마진이 상승하는 후방 격파에 비해, 산지를 인수해야 하는 전방 격파의 경우 자금 부담이 크다 하겠다. 따라서 산지와의 우호적인 관계를 오랜 기간 돈독히 해두어야 실제 격파를 해야 하는 상황에서, 최소한의 부담으로 인수할 수 있는 유연성을 확보할 수 있다.

#24

1등은 끝까지
살아남아
주어진 상이다

공포영화의 마지막 생존자

공포영화의 마지막 생존자에겐 공통점이 있다. ①그들은 대부분 여자나 어린아이들이다. 등장인물 중 가장 먼저 죽을 것 같던, 초반엔 존재감도 없던 약자들이다. ②그들은 겁이 많아 혼자 돌아다니지 않는다. 가급적 다수가 속해 있는 무리 속에서 떨어지지 않는다. ③그들에게는 마지막까지 보살펴주는 강한 남자가 있다. ④그러다 그 강한 남자마저 죽으면 그때부터 강한 생존 본능을 발휘한다. 한마디로, 가장 먼저 죽을 것 같았던 가냘픈 자가 최후의 생존자가 되는 것이다.

진짜 1등은 덤덤하다

사업도 마찬가지다. 지금 1등은 1등이 아니다. 끝까지 가봐야 안다. 끝에 남은 그들에게 어떻게 1등 했냐고 물으면 자신도 이유를 모르겠단다. 공포영화 생존자들이 어떻게 살아남았는지 알 수도, 알 필요도 없는 것처럼 말이다. 하루하루 버티고 살다보니 어느 날 나 혼자 남게 된 것이다. 독해서 살아남은 것도 아니고, 겁이 많아 살아남은 것이다. 독한 캐릭터는 공포영화 초반에 죽거나 끝나기 30분 전 즈음에 죽는다. 1등은 끝까지 살아남았다고 기뻐하지도 않는다. 그간의 고생을 생각하며 덤덤해할 뿐이다.

나도 모르는 나의 장점이 나를 장수케 한다

제품은 만든 사람도 예상치 못한 '하찮고도 작은 이유'에 의해 장수 아이템이 되기도 한다. 1903년 설립된 할리 데이비슨 Harley-Davidson이 그 성능에 비해 조금은 과분한(?) 평가를 받으며 지금껏 세계 최고의 브랜드 자리를 유지한 이유는 심장박동 주기와 동일한 특유의 '배기음'에 있다고 해도 과언이 아니다. 장수 업체들 중에는 그 이유를 찾기도 힘든, 그냥 납기 하나 찰떡같이 지키는 것으로 그 자리를 유지해온 경우도 적지 않다. 그날 재료는 그날 다 쓰고 남으면 버린다는 원칙 하나로 30년 넘게 단골이 줄을 잇는 식당들도 많다. 나도 모르는 의외의 장점, 사소한 차이가 나를 생존케 한 것이다. 그것도 모르고 그 장점을 스스로 없애 시장에서 퇴출된 업체들도 부지기수다(그들은 아직도 왜 퇴출됐는지 모른다). 차라리 그냥 가만히 있는 것이 현명한 선택이었을지도 모른다. 권투선수도 쉬어 가는 라운드가 있어야 끝까지 버티는 것처럼, 쉼없는 변화에 대한 집착이 오히려 나의 장점을 갉아먹는 것이다. 그래서 "아직도 계속하세요? 그만두신 줄 알았어요!"라는 말을 듣는 존재감 제로의 상황도 20년 중에 몇 년은 있어야 한다. 공포영화에서도 줄곧 미친 존재감을 보이는 캐릭터는 결국 죽는다는 점, 기억하시라.

동네 1등이라도 해봐야 한다

1등이 되어 정상에 서면 시장이 손바닥만큼이나 작게 보인다. 시장이 한눈에 보이는 것, 이보다 더 큰 1등의 혜택은 없다. 2등일 땐 전혀 안 보이던 시장이, 희한하게도 1등이 되면 훤히 보인다. 그래서 1등은 꼭 해봐야 한다. 어떻게 1등을 하냐고? 1등 하기 가장 쉬운 방법은 갈라파고스 전략, 즉 시장을 가능한 작게 잡고 그 시장을 고립시키는 것이다. 시장이 작아질수록 내 제품의 시장점유율은 상승하게 되고 결국 한둘만 제치면 1등이 된다. 그게 '동네 1등'이지 무슨 1등이냐며 비웃을 수 있겠지만, 1등은 1등이다. ㈜알에프캠프는 연매출 10억이 안되는 영세 업체다. 하지만 전 세계 시장 다 합쳐도 100억밖에 안되는 틈새시장에 있다 보니, 수출 비중이 전체 매출의 80% 이상이고 현재 20개국 이상에 수출하고 있다. 우리나라 기업 중 몇 %나 20개국 이상에 수출할까? 이 정도면 세계적 기업 아닌가? 대기업이 되는 것보다 세계적 기업이 되는 것이 오히려 쉬운 것이다. 극단적으로 시장을 작게 보고 고립시켜 한 우물만 판 결과다. 1등은 아무리 작아도 의미가 있다. 20년을 지탱하는 데 '1등' 만큼 힘을 주는 단어는 없다.

사시 합격보다 동네 1등이 어렵다

'동네 1등'은 옆에서 보면 참 쉬워 보인다. 누구나 할 수 있을 것 같다. 하지만 하루만 따라 해도 장난이 아니라는 것을 금방 깨닫는다. 20년 한 아이템으로 '동네 1등'이 된다는 것, 그건 사법고시 합격보다 대단한 것이다. 하루 8시간 연간 250일 일한다고 가정하면, 20년에 4만 시간이다. 시간당 한 페이지씩 읽는다면 총 4만 페이지의 책을 읽는 건데, 사법고시에 합격하려면 보통 3만 페이지를 읽어야 한다고 하니 1만 페이지를 더 읽는 셈이다. 사시보다 '20년 동네 1등'이 더 어려운 것이다. 동네에 '사시 합격'이 아니라 '동네 1등' 플래카드placard를 붙여도 될 정도다.

#25

단골은 내가
머리를 썼는지
마음을 썼는지 안다

단골일수록 섬세해진다

장수 가게에는 반드시 장수 고객이 있다. 그 가게의 출생부터 함께해 온 단골이 몇 명은 있는 것이다. 그들은 기다릴 줄 안다. 하지만 그들 역시 가게를 기다리게 한다. 그들이 기다리라 하면 가게도 기다려야 한다. 살 것 같이 안 사더라도 산 듯 대해야 한다. 20년 함께 가는데 지금 사든 나중에 사든 별 의미 없다. 단골이 하는 얘기는 열심히 들어야 한다. 그가 하는 말은 한마디도 버릴 게 없다. 단골은 자신을 돈으로만 보는 가게를 제일 싫어한다. 오래된 단골일수록, 그의 충성심은 아주 사소한 마음 씀씀이의 차이에 의해서도 깨질 수 있다. 결혼생활이 황혼기에 접어들면서 이혼율이 다시 급증하는 것과 같다. 단골일수록 유리그릇과 같다. 그들과는 관계가 오래된 만큼 더욱 감성적이 된다. 잘 지내던 단골이 갑자기 "사장 나오라고 그래!" 하며 고래고래 소리지르는 건 그가 갑자기 미쳐서가 아니다. 단골일수록 아주 작은 관심의 변화도 민감하게 받아들이는 것이다.

고객은 내가 변치 않기를 바란다

대한민국 명장인 이재순 석장石匠은 "화가 나서 돌을 때리면 작품도 화내는 표정이 되더라"라고 했다. 맞다. 내가 의식하지 않으려 해도 내 제품에 내 마음이 고스란히 드러난다. 내 몸이 편해지면 '초심을 잃지 말자'는 액자를 대문짝만하게 가게 앞에 붙여놔도 마음이 느슨해진다. 마음이 느슨해지면 제품도 느슨해지고 고객도 느슨히 떠나간다. 반대로, 고객은 내가 자신을 위해 쓴 마음을 자랑하고 싶어 안달이라고 생각하면 된다. 고객은 나의 마음을 들고, 입고, 걸치고, 신고 다니기를 원한다. 가격은 그다음 문제다. 세상이 변해도 고객인 자신만은 변함없이 배려해주길 바라는 것이다. 이러한 고객의 마음을 제품에 담아낼 때 그 제품은 명품이 된다. 그 마음을 못 담아낸다면 고객은 떠난다. 그와 20년을 함께하고 싶다면 20년 동안 마음 변치 않을 각오부터 해야 한다.

고객의 습관은 끝까지 존중하라

좋은 제품을 만드는 회사는 버튼 위치 하나도 제멋대로 바꾸지 않는다. 고객의 습관을 끝까지 존중한다. 그것을 지키느라 비용이 추가되고 공정이 늘어나도 말이다. 그들은 고객을 귀찮게 하지 않는다. 아무리 급해도 고객에겐 미리 충분한 선택의 시간을 준다. 그들의 목소리만 들어도 고객은 뭔지 모를 편안함을 느낀다. 거만하지도, 비굴하지도 않고, 서두르지도, 너무 느긋하지도 않으며, 따뜻하지만 침착한 말투, 바로 그것이다. 그들의 제품엔 실제 그들의 DNA가 지문처럼 묻어 있다. 말총 한 줄 한 줄에 침을 발라 만든 갓, 옻칠 위에 나전 조각을 하나씩 침으로 붙여 만든 칠기, 굵은 모시를 이빨 사이로 하나씩 쪼개어 이 사이에 골이 날 정도로 이골 나게 만든 한산모시처럼 말이다. 그래서 그들의 제품은 그들의 분신이다. 그들은 고객의 비밀을 철저히 지킨다. 그것이 아무리 하찮아 보여도 고객에 대해선 어디서도 입 밖에 내지 않는다. 그들의 외모는 세월이 흘러도 변함이 없다. 머리모양도 바뀌지 않는다. 그들은 가게의 의자 하나도 허투루 옮겨 놓지 않는다.

들어줄 수 없는 단골의 요구

오랜 거래를 하다보면 단골로부터 '손해를 볼 수밖에 없는' 요구를 받을 때가 있다. 그동안 정말 고마운 단골이었는데, 손해보는 이 거래를 어떻게 해야 할지 모르겠다. 손해를 보더라도 단골이니 당연히 그 요구를 들어줘야 할까? 부도 직전인 그에게 외상으로 물건을 주는 것이 맞을까? 이미 외상으로 준 물건값을 악착같이 받아내는 것이 맞을까? 정말 모르겠다. 이는 전적으로 사장이 결정할 문제다. 하지만, 한 가지 확실한 건 지금 나의 결정을 나의 다른 고객들도 멀찌감치 떨어져 모른 척 지켜보고 있다는 사실이다. 그래서 더욱 어려운 문제다.

오메가와 제임스 본드

시계의 명가 오메가Omega는 영화 〈007 골든 아이〉 때부터 제임스 본드의 20년 지기 파트너다. 사실 오메가의 입장에선 여러 고민이 있었을 것이다. 제임스 본드의 시계로 이미지가 굳어지는 것이 브랜드 확장성 측면에서 그리 반가운 일은 아니었을 것이다. 막대한 홍보비 지출은 둘째치고 말이다. 그럼에도 그냥 같이 가는 것, 그것이 단골과의 관계가 아닐까 싶다. 그래서 2011년 〈007 카지노 로얄〉에서 본드 걸이 "시계가 멋지

네요. 롤렉스?"라고 물으니 본드가 망설임 없이 "오메가"라고 답하고 바로 본드 걸이 "beautiful!"이라고 외치는 대화를 감사의 표시로 살짝 넣었는지도 모르겠다.

#26

20년 아이템의 내구연한은 최소 20년이다

장수하려면 성능보다 내구성이다

물건 납품 후 발뻗고 편히 잘 수 있는 업체는 그리 많지 않다. "납품한 물건에 혹시 하자는 없을까" 하고 노심초사하는 업체들이 의외로 많은 것이다. 제품 하자 문제로 고객과 씨름하는 업체들은 대부분 앞으로는 남지만 뒤로 까진다. 본업은 뒷전으로 밀리고 불량 수습하느라 시간과 돈을 다 써버린다. 가격이 동일할 때, 성능이 높아지면 내구성이 떨어지고, 내구성이 높아지면 성능이 떨어지는 건 세상 이치다. 고객들은 처음에는 성능에 매료된다. 하지만 시간이 지나면 내구성이 높은 제품을 찾게 되어 있다. 오래 사업하려면 그에 걸맞은 내구성을 갖추어야 한다.

회사 수명만큼 제품의 내구성을 유지하는 법

회사가 20년 가려면 제품도 20년 가는 게 가장 이상적이겠다. 회사만큼 제품이 오래간다는데 누가 뭐라 하겠나? 하지만, 이는 극히 예외적인 경우다. 대부분의 제품 수명은 이보다 훨씬 짧거나 구매와 동시에 소비되어 없어진다. 어떻게 하면 고객들로 하여금 제품이 20년 간다고 느끼게 할 수 있을까?

첫째, 동일한 제품을 20년 동안 공급하면 되겠다. 동일한 품질, 동일한 외형과 기능으로 고객에게 변함없이 납품하는 것이다. 하지만 이는 결코 쉬운 일이 아니다. 수십 년간 소비자의 사랑을 받아온 라면이나 과자 브랜드를 보면 별 노력 없이 쉽게 돈 버는 것 같지만, 실제 제품에 들어가는 수많은 재료의 품질과 배합 비율을 수십 년간 동일하게 유지하고 일관된 생산공정과 환경을 통제한다는 건 아무나 할 수 있는 일이 아니다. 어쩌면 동일함을 유지한다는 건 개선보다 훨씬 더 어려운 일이다.

둘째, 제품의 용량을 줄이되 과거와 동일한 경험을 제공하는 것이다. 1인 소비가 늘어남에 따라 이러한 '축소'의 시도는 제품의 상품성을 유지하는 데 필수적이다. 1인 공간에서의 소음과 진동을 최소화한 초소형 냉장고, 에어컨의 기능을 대체한 저전력 에어 서큘레이터, 침대 위에서 각종 모바일 기기 활용을 가능케 한 1인 침대 시스템, 슬라이딩 및 스윙 도어를 활용한 각종 수납 시스템 등은 용량은 축소되었지만 기능 면에서는 동일한 경험을 유지케 하는 사례다.

제품에 대한 기억을 계속 되살리는 법

셋째, 과거의 향수를 되살리는 광고캠페인을 벌이는 것이다. 과거 유행했던 CM송이나 당시의 광고모델을 그대로 내세워 그때의 기억을 되살리는 것이 한 예다. 40여 년 전 출시된 빙그레 바나나맛 우유가 최근 동대문에 오픈한 옐로우카페Yellow cafe가 좋은 사례다.

넷째, 그 제품의 대상 연령대를 대폭 낮추는 것도 그 내구연한을 연장시키는 방법이다. 대표적인 예가 최근 아이돌 그룹 젝스키스의 재결합과 컴백이다. 예전과는 모든 게 달라졌지만 16년 만에 활동을 재개한 그들은 과거 팬들을 다시 뭉치게 한 것은 물론 새로운 팬도 생겨났다. 영국의 버버리Burberry 역시 유사한 사례. 15년 전 30대의 젊은 디자이너 크리스토퍼 베일리Christopher Bailey를 수석 디자이너로 영입하며 고리타분하던 브랜드 이미지를 젊게 바꾸는 데 성공했다. 이를 통해 젊은 층의 관심을 받은 것은 물론 과거의 단골들도 다시 돌아오게 하는 효과가 있었다.

명품은 중고품의 가치를 보면 안다

다섯째, 철저한 A/S 체계를 갖추거나 프로급 전문 수선 업체들이 즐비하다면 제품은 오래 그 가치를 유지할 수 있다. 명품이 명품인 이유가 바로 여기에 있다. 모 신사복 광고 카피처럼 '막 사 입어도 10년 된 듯한, 10년 입어도 막 사 입은 듯한' 유지관리가 가능하다면, 그것을 구매하는 고객에게 가격은 큰 문제가 안 된다. 왜냐하면 잘 관리된 중고품일수록 높은 중고 시세가 형성되고, 이는 비싼 제품 가격을 든든히 받쳐주기 때문이다. 쉬운 예로, 1,000원짜리 제품과 500원짜리 제품이 있다. 1년을 쓴 후 중고나라에 내놓으려고 보니 1,000원짜리는 700원이 되었고, 500원짜리는 100원이 되었다. 이 사실을 미리 알았다면 무얼 사겠나? 500원짜리를 사는 사람은 없을 것이다. 그래서 불황일수록 최고급 명품브랜드로 소비가 집중되고 세컨드Second브랜드는 반대로 소비가 급감하는 것이다. 최고 명품은 불황에도 그 중고 가치가 유지되는 데 비해 세컨드브랜드는 중고 가치가 폭락하기 때문이다. 그래서 최근 청담동 명품거리에 불황의 파고波高를 못 넘고 철수하는 세컨드브랜드가 줄을 잇는 것이다(물론 최고 명품숍들은 건재하다). 그래서 장수 기업일수록 A/S는 평생 무료로 제공하는 경우가 많다. 그만큼 제품에 자신이 있음을 고객에게 홍보함과 동시에, 무료 A/S를 통해 중고품의 가치를 지켜줌으로써 제품의 가격을 고가로 유지할 수 있는 것이다.

귀금속 가게 vs. 주유소

여섯째, 제품 자체가 자산으로서의 경제적 가치가 있으며 시간이 흐를수록 그 가치를 더해가는 제품을 취급하는 것이다. 대표적인 경우가 귀금속 가게다. 어느 동네든 가장 오래된 가게 중엔 귀금속 가게가 하나씩 꼭 있다.(그렇다고 행여 귀금속 가게 할 생각은 마라. 제대로 준비하는 데만 최소 10년이다.) 반대로 시간이 흐를수록 그 자산가치가 하락하는 사업도 있다. 주유소가 그것인데, 전기자동차 시대가 빨리 올수록 결국 그들이 취급하는 가솔린과 디젤유의 자산가치는 떨어질 것이다.

싼 맛에 사는 제품 20년 못 간다

얼마 전 이 책을 쓰기 위해 30년 만에 샤프펜슬을 샀다. 정말 놀라웠던 건 그 가격이었다. 1,200원! 30년 전 구입했던 그 가격과 똑같았다. 근데 몇 번 써보니, 30년 전 구입했던 그것과 품질도 똑같았다. 조금만 힘을 줘도 뚝뚝 부러지는 것이었다. 그래서 12,000원짜리 견고한 놈으로 다시 샀다. 고객은 할 수 없어서 싼 걸 사지, 돈만 있다면 절대 싼 거 사지 않는다. 욕하면서 싼 거 사는 거다. 그래서 장수하려면 비싸고 오래 쓸 수 있는 것을 만들어야 한다. 고객이 욕하면서 사는 싸구려 물건 만들어 20년 버틸 수는 없지 않은가?

#27

복합노동,
20년 장수의
필수 요소다

단순노동과 복합노동

우리는 보통 노동의 유형을 육체노동, 감정노동, 정신노동으로 나눈다. 나는 여기에 '감각노동'을 더하고자 한다. 보고 듣고 만지고 음미하는 이러한 감각노동 역시 반복된 '감感' 훈련과 세심한 교육이 필요한 고도의 작업이자 여타의 노동 이상으로 부가가치를 창출하는 일이기 때문이다. 우리는 세상의 직업을 이들 노동 유형 중 하나로 분류하는 데 익숙한데, 이 과정에서 두 가지 큰 오류를 범하기도 한다.

첫번째 오류는 육체노동은 단순하며 배우기 쉽고, 감정노동과 감각노동은 누구나 할 수 있는데 비해, 정신노동은 배운 자만이 가능한 최상위의 지식노동이라는 착각이다.

두번째 오류는, 세상의 모든 직업이 이 노동 유형 중 한 가지로 분류가 가능하다는 착각이다. 대부분의 일들은 최소한 두 가지 유형의 노동이 복합된 형태로만 수행이 가능하다.

이런 두 가지 오류를 범할 때, 실제로는 단순 반복적인 일을 고부가가치 직종으로, 향후 기계로 대체하기 힘든 유망직종을 3D 단순무식 업종이라고 무시하고 배척하는 것이다.

전단지 배포원과 스티커 부착원

통계청이 발표하는 표준직업분류에 따르면, 전단지 배포원과 스티커 부착원은 판매 관련 단순 종사원으로 분류되어 있다. 왜 이들 직종이 단순 종사원인지 모르겠다. 전단지 배포의 경우, 추위, 더위와 싸워가며 장시간 서 있어야 하는 육체노동이야 말할 것도 없고, 귀찮아 하며 피해가는 행인들을 상대하고, 행여 친구를 마주치지는 않을까 절로 고개가 숙여지는 감정노동과 함께 언제, 어느 장소에서 나눠줘야 광고효과가 극대화될까 고민하는 정신노동과 어떤 표정과 옷차림, 걸음걸이의 행인에게 나눠줘야 효과가 있을까 고민하는 감각노동까지 오랜 경험과 내공이 필요한 일이다. 광고 스티커 부착도 마찬가지다. 주변 상인들의 눈치와 단속원들의 잔소리를 피해 온 동네를 돌아다녀야 하는 육체노동과 감정노동, 남들 손에 제거되지 않고 오래 붙어 있으면서도 행인들 눈에는 잘 띄는 장소를 찾아내야 하는 정신노동과 감각노동까지 이 역시 오랜 경험과 내공이 필요하다. 이것은 결코 단순노동이 아니다. 오히려 사장이 직접 해야 할 '복합노동'이며, 단시간 내 사라지지 않을 직종들이다.

섬세한 복합노동일수록 대체하기 어렵다

노동의 형태를 구분하자면 육체, 감각, 정신, 감정노동 정도가 아닐까? 감정노동을 제외하면, 사실 이들 노동 하나하나는 기계가 더 잘할 수 있을 것 같다. 육체노동은 로봇, 감각노동은 각종 센서, 정신노동은 AI가 말이다. 하지만 이들 각 노동이 보다 섬세해지거나 서로 섞이는 경우, 사람 입장에서는 단순해 보여도 기계는 따라 할 수 없다. 예를 들면, 사람은 날지 못하지만 비행기는 이미 100년 전부터 하늘을 날아다니는 데 비해, 짜장면 배달원의 일—면이 불기 전 배달하고 외상값 다시 한번 독촉하고 빈 그릇 수거하는—은 2017년 최신판 로봇이라 해도 흉내도 못 낸다. 또한, 섬세한 작업일수록 그 일은 기계에 의해 대체되기 힘들다. 만일 바둑이 선과 선이 만나는 점에만 수를 두는 것이 아니라 선 위 어디라도 둘 수 있는 게임이었다면 여전히 알파고는 사람에게 전패하고 있을 것이다. 사진작가의 경우는 어떨까? 로봇이 한순간도 놓치지 않고 다양한 앵글에서 많이 찍을 수 있겠다. 하지만 그 사진들 중 작품이 될 하나를 고르는 건 사람이다. 주류, 식품, 향수, 화장품 등의 분야에서는 관능검사가 여전히 가장 유효한 방법이다. 이는 인간의 오감을 모두 활용하여 제품을 평가하는 방법으로, 아무리 사물인터넷 시대에 첨단 센서가 발달한다 해도 인간의 오감을 대체하기는 힘들 것이다.

기장은 기계로 대체해도 승무원은 대체할 수 없다

감정노동의 경우는 더욱 어렵다. "3인분 같은 2인분 주세요"라는 손님의 말을 AI가 이해할 수 있을까? 뱉는 말과 속내가 다른 장사꾼의 의도를 알아챌 수 있을까? 고객의 정당한 불만 표시와 악덕 고객의 협박을 구별할 수 있을까? 그런 측면에서 비행기 기장은 기계로 대체할 수 있어도 비행기 승무원은 대체하지 못할 것이다. 의사 역시 대체할 수 있어도 간호사와 간병인은 대체하기 힘들 것이다. 기능과 지식은 대체할 수 있어도 감정은 대체하기 힘들기 때문이다.

감정노동의 비중이 높은 직종을 보면 여성 노동자의 비율이 높다는 공통점이 있다. 미국의 경우 여성 노동자의 절반이 감정노동자라고 한다. 경기도 내 206만 명의 감정노동자 중 여성이 62%라고 한다. 기계로의 대체가 어려운 감정노동자의 상당수가 여성이라는 건, 향후 여성보다는 남성의 실업문제가 더 심각할 수 있음을 의미한다. 그래서 남성의 경우 창업을 고민할 때 단순노동보다는 복합노동, 특히 감정노동을 수반하는 일을 선택해야 장수할 수 있음을 알아야 한다. 감정노동은 쉽지 않다. 감정노동의 대표 직종인 백화점 판매직의 경우 연간 이직률이 30%에 이른다고 알려져 있다. 하지만, 남들이 쉽게 포기하는 만큼 포기하지만 않는다면 남들보다 오래 일할 수 있다. 감정노동을 하느니 차라리 노가다를 하며 몸으로 때우는 것이 낫겠다? 노가다만 한 감정노동도 없다. 힘만으로 하는 일이 아니다. 조공(일명 시다)에서 기공, 그리고 노가다 십장이 될 때까지 얼마나 거친 사람들 사이에서 부대끼고 그들의 마음을 사야 하는지 안 해보면 모른다.

그래서 사장이 힘든 것이다. 최고의 감정노동 직업은 사장이기 때문이다. 창업 초짜 사장님들에게 사업 잘되시냐고 직접적으로 묻지 않고 그저 "잠 잘 주무시냐?"고만 물어봐도 상황을 알 수 있다. "세상 모르고 잔다"고 하면 일단 그 분은 할 만한 거다. "서너 시간밖에 못 자" "깊은 잠을 못 자"라고 한다면 좀 걱정된다.

독일의 41개 창업 기능 자격 분야

독일의 마이스터 제도에는 총 356개의 직종이 있는데, 이들 중 자격증을 받고 창업이 가능한 41개의 전문 기능 자격 분야가 있다. 이들 41개 분야는 자격증을 받기까지 12년 정도 걸리지만, 그 일로 평생의 생계를 꾸리는 데 지장이 없기 때문에 직종에 대한 만족도가 매우 높다고 한다. 독일의 경우라 우리와는 좀 차이가 있겠지만, 41개 직종을 하나씩 보면서 20년 창업 아이템을 찾는 데 도움이 되었으면 한다. 참고로, 독일엔 세계 50대 대학에 랭크된 대학이 단 하나도 없다.

벽돌 및 콘크리트공	난로 및 보일러공	지붕 시설 및 기와공	도로 건설공	냉난방업	지하수(온천) 개발공
석재 및 조각공	와인공	페인트공	건축구조물 설치공	금속가공업	외과 의료기기 제작업
자동차 제작 및 튜닝공	정밀 세공업	이륜차 제작업	정보처리 설비기사	자동차 정비공	농기계 제작업
총포 제작업	함석, 판금업	전기기능공	전기기계 제작업	가구 제작업	선박, 보트 제작업
제빵업	제과업	육가공업	안경 공학업	치기공업	미용업
보청기공	재활 공학	건강화 제작공	제화업	유리공	유리 불기공
실내 인테리어공	방음 설비업	생고무, 타이어업	밧줄 제조	가죽업	

표3 독일의 41개 전문 기능 자격

#28

단순함,
20년 장수의
최고 난제다

송곳 끝이 뭉툭하면 뚫을 수 없다

장수 아이템에는 세대를 관통하는 무언가가 있는데, 그것이 단순함이다. 단순함은 마라토너의 절제된 체중이다. 0.33~0.36의 범위 내에 들어와야 한다. 단순함은 날카로운 송곳이다. 송곳의 끝이 날카로울수록 뚫을 수 없을 것 같던 단단한 시장의 벽을 작은 '힘(=돈)'으로도 뚫을 수 있는 것이다. 이런 날카로움은 나의 힘을 오직 한 지점에만 집중시킬 때 실현될 수 있다. 여기저기 쪼다보면 내 송곳의 끝은 뭉툭해지고 그걸로는 웬만한 '힘(=돈)'이 아니면 어떤 벽도 뚫을 수 없다.

단순함에는 대가와 책임이 따른다

　단순함은 단순해 보이지만 최고의 난제다. 담는 것보다 버리는 것이 언제나 어렵다. 버리는 건 사장만이 할 수 있다. 사장이 아무리 버리라고 해도 직원들은 못 버린다. 단순함에는 대가와 책임이 따르기 때문이다. 끊임없이 "No!"를 외치는 것이 단순함이다. 자신의 삶만큼만 제품도 단순해진다. 삶이 복잡할수록 제품도 복잡해진다. 그래서 바비 브라운Bobbi Brown이 말한 것처럼 "단순함은 나 자신이 되는 것"이다. 단순함의 예는 너무나 많다. 멀리 갈 것도 없다.

단순함은 리더십이다

　첫째, 구글 사이트(www.google.com)다. Google 로고 밑에 검색창 하나만 있다. 텅 빈 공간에 말이다. 이 텅 빈 공간을 채우려는 얼마나 많은 시도와 격론이 있었을까? "단순함은 세련의 극치"라는 레오나르도 다빈치의 말이 떠오른다.

　둘째, 페이팔PayPal이다. 전 세계 최대 결제 사이트다. 우리나라 은행 사이트들과 한번 비교해보라. 하나라도 더 빼려는 페이팔과 하나라도 더 넣으려는 은행 사이트 간의 극명한 차이를 볼 수 있다. "디자인하지 않는 것이 최고의 디자인"이라는 디터 람스Dieter Rams의 명언을 인용하지 않더라도 하나라도 더 **빼려는** 노력은 언제나 아름답다.

셋째, 애플과 삼성 사이트를 비교해보라. 마우스로 몇 번 스크롤다운 해야 끝까지 볼 수 있는 삼성의 메인 페이지에 비해 애플은 한눈에 들어온다. 삼성이 애플에 비해 제품의 가짓수가 훨씬 많지 않느냐고 반문할지 모르겠다. 이건 제품 가짓수의 문제가 아니다. 단순함은 리더십의 문제요, 용기의 문제다. 에츠허르 데이크스트라Edsger Dijkstra가 "단순함은 신뢰성의 전제조건이다"라고 한 것처럼 그 회사의 리더십이 얼마나 신뢰할 만한지를 보려면 그 제품이 얼마나 단순한지를 보면 된다.

인간의 뇌는 예나 지금이나 똑같다

기술은 급변하고 고객의 요구는 다양해지는데 어떻게 단순함만 고집할 수 있느냐고 물을지 모르겠다. 기술은 급변하지 않는다. 기술 간의 집합과 해체만이 끊임없이 이루어질 뿐이다. 그래서 단순함은 이런 변하지 않는 기술에 초점을 맞춘다. 고객의 요구 역시 다양해지지 않는다. 그들이 원하는 건 복잡하지 않다. 게임 테트리스 개발자 알렉세이 파지노프 Alexey Pajitnov는 "인간의 뇌는 예나 지금이나 똑같다"고 했다. 시간이 지날수록 오히려 고객층이 확산되는 레고를 보라. 35세의 나이에 레고 CEO가 된 요안 비 크룻스토프 Jorgen Vig Knudstorp가 "레고는 단순함의 완벽한 본보기"라 말한 것처럼 '시대를 관통하는 단순함'이란 이런 거다. 20년을 생각한다면 단순함은 필수다.

단순함의 일곱 가지 장점

제품이 단순하려면 형태와 기능, 재료가 단순하면서 크기 역시 작아야 한다. 그래야만 ①생산 장비가 작아져 장비값과 전기료를 덜 내고 장비 운용 인력 및 생산공간이 적게 소요되며, ②운반이 용이하고 지원 인력 및 보관 공간 역시 적게 소요되며, ③작은 만큼 재료비가 덜 들고 형태가 단순하므로 버려지는 재료가 적으며, ④재료가 단순한 만큼 제조공정 역시 단순하고 생산비가 적게 들며, 불량률도 줄어든다. 불량이 발생하더라도 불량 요인을 찾기도 용이하다. ⑤소수의 재료에 집중한 만큼 품질이 좋아진다. 좋은 팥으로만 만든 팥빙숫집, 좋은 콩으로만 만든 콩국숫집이 제일 맛있고 장수한다. 위에 이상한 토핑을 올린 집들은 대부분 단명한다. 반찬 수 많은데 장수하는 식당 역시 못 봤다. 식당은 밥만 맛있어도 망하지 않는다. ⑥기능이 단순화되고, 해체되는 추세가 향후 대세가 될 것이다. 지금은 스마트폰에 하나라도 더 기능을 넣으려고 혈안이 되어 있지만, 조만간 그 기능들이 독립된 디바이스들로 분화되는 때가 반드시 온다. 원래 시장은 분화되었다 융합되고, 융합되었다가 다시 분화되는 것이다. ⑦동선의 단순화 역시 중요하다. 동선, 아무것도 아닌 것 같아도 시간이요 돈이다. 아침에 깨서 저녁까지 자신의 동선을 한번 세심히 그려봐라. 거기서 10%만 줄여도 20년에 최소 2억은 더 번다.

#29

승업承業, 20년을
단축할 해법이다

엄마에겐 분 냄새보다 파 냄새가 났다

서울 종로에 3대째 손바느질만 고집하는 양복점이 있다. 50년 역사의
이 양복점은 1990년대 중반 저가 기성복에 밀려 임대 건물에서도 쫓겨나
는 시련을 맞게 된다. 당시 지금의 3대 사장이 '티파니' 양복점에서 '3대
손바느질' 양복점으로 간판을 바꾸는데, 이것이 사업을 다시 정상궤도로
올려놓는 계기가 된다. '3대 손바느질'이라는 단어가 주는 신뢰는 돈으로
환산할 수 없다. 가업을 잇는다는 건 말로 표현할 수 없는 큰 특혜다. 남
들보다 빨리 자리잡는 사장님들을 보면, 부모가 동종업계에 종사했고 부

모님이 일하시던 모습을 기억하는 경우가 많다. "엄마에게선 분 냄새보다 파 냄새가 났다"는 국밥집 사장님, "평생 고생한다"는 만류에도 풀 뜨는 부친의 모습이 좋았다는 전통한지 명장님, "부자父子가 함께 배 타는 거 아니다"라는 반대에도 뱃일이 좋았다는 참조기잡이 선장님, 인생 밑바닥 까지 갔다가 어릴 적 엄마가 하던 '도너츠' 장사가 생각나 재기하게 됐다 는 튀김 호떡집 사장님 등 그들은 돈보다 더 귀한 무언가를 물려받았다.

승업은 야성野性을 물려받는 것이다

부모가 했던 일이라면 그것이 아무리 힘들어도 나도 할 수 있다는 밑 도 끝도 없는 자신감을 갖게 된다. "아버지가 한 일을 내가 왜 못해?" 하 며 잘 무너지지 않는다. 바닥이 두렵지 않은 것이다. 이미 앞서간 그들의 굴곡을 함께 겪어봤기 때문이다. 이보다 더 큰 창업 자산은 없다. 누가 흉내내려 해도 흉내낼 수도 없다. 남들보다 몇 발자국 앞서가는 것이다. 그래서 20년을 앞당기기 위한 확실한 해법은, 가업을 승계하는 것, 곧 '승 업'인 것이다. 승업은 눈에 보이는 가게나 자산을 물려받는 것을 의미하 는 것이 아니다. 단골이나 특허권, 영업권을 물려받는 것도 아니다. 승업 은 야성을 물려받는 것이다. 내가 한번 시작한 것은 끝을 보겠다는 것, 딴 욕은 다 먹어도 제품에 대한 욕은 안 먹겠다는 것, 가족은 구걸해서 라도 내 손으로 책임지겠다는 것, 이런 자존심들이 야성이다. 어떤 업종 이든 최고로 인정받으며 후배들의 존경을 받는 이들을 보면 공통적으로 이런 야성을 가지고 있다. 그리고 이런 자존심은, 부모의 얼굴에 먹칠하지 않겠다는 책임감이기도 하다. 암에 걸린 엄마를 대신하여 생선가게를 맡은 젊은 사장님, 장사한 지는 몇 달 안됐지만 한 가지 원칙만은 당차게 지킨다. '물 지난 생선은 가차없이 버린다.' 이게 야성이다. 누가 말해준다고 배우는 것이 아니다.

승업은 부모에게나 자녀에게나 일생 가장 어려운 훈련이다

물론 승업이 쉬운 건 아니다. 창업보다 승업의 성공 확률이 더 낮다는 통계도 있다. 특히 세대 간 의식 격차가 일본에 비해 19배나 큰 우리나라의 경우 부모와 자식 간 소통만큼 어려운 게 없다. 차라리 외계인과 대화하는 것이 더 쉽겠다. 그래서 승업은 부모에게나 자녀에게나 평생 제일 어려운 훈련이다. 재벌 2세, 3세들 부러워하는데 사실 그들 역시 말못할 어려움이 있다. 세상에 공짜는 없는 것이다. 1,000억 회사 물려받을 땐 1,000억짜리 어려움이 있고 10억 회사 물려받을 땐 10억짜리 어려움이 있는 것이다. 가끔 재벌 몇 세의 갑질 행태가 화젯거리가 되곤 하는데, 그건 그들이 그 돈을 상속받기 위해 그간 집안에서 당했던 것에 대한 분풀이도 있을 것이라 본다(물론 그들의 행동이 정당하다는 건 아니다).

승업은 창업보다 결코 쉽지 않다

승업이야말로 일대일 도제식으로 가르칠 수밖에 없다. 한번에 다 배울 수도 없고, 한번에 다 가르쳐주지도 않는다. 아무리 대가 없이 다 주는 부모라 해도 자녀는 부모의 마음을 연 만큼만 배울 수 있다. 만일 부모가 아니라면 몇십 배 더 노력해야 한다. 그래서 제대로 승계받으려면 먼저 성품을 갖추어야 한다. 기다림부터 배워야 하는 것이다. 그래서 가업을 승계할 땐 청소부터 시키는 거다. 물론 이런 부모의 가르침을 곧이곧대로 따르는 자녀는 극히 드물다. 자녀가 여럿인 경우 자녀에게 각각 하나씩 가게를 내주었다가 혹은 프랜차이즈 사업으로 전환했다가 어렵게 일군 가업을 순식간에 망가뜨리는 사례도 우리는 흔히 본다. 승업은 결코 창업보다 쉽지 않다.

가업승계의 절세 혜택

승계할 사업의 경제적 가치가 클수록 '가업승계를 위한 증여세 특례 제도'에 의거해 절세 혜택도 누릴 수 있다. 가업을 승계하여 지분 6억 원을 자녀에게 증여한 경우와 가업을 매각한 돈 6억 원을 자녀에게 증여한 경우, 전자는 증여세가 0.1억 원에 불과한 데 비해 후자는 1.0억 원에 이른다. 승업을 한다면 0.9억 원을 벌고 들어가는 셈이다. "증여받을 게 있어야 세금 걱정이라도 하지!" 하는 분들도 많겠다. 다시 말씀드리지만, 정말 부모에게 증여받아야 할 건 돈이 아니라 야성 DNA다. 장사를 해본 경험이 있는 모든 부모는 이런 DNA을 가지고 있다. 그걸 흔들어 깨워 내 것으로 만드는 것이 진정한 승업이다.

#30

승업의 형태는
다양하다

가업승계는 부러움의 대상이다

승업의 가장 일반적인 형태는 가업을 승계하는 것이다. 요즘처럼 가업에 대한 사회적 인식이 높았을 때가 있었나 싶을 정도로 가업은 이제 그 자체로 브랜드가 되었다. 최근엔 젊은이들에게도 업종이나 규모와 상관없이 자랑할 만한 집안의 유산이 되었다. 예전엔 생활기록부의 부모 직업란을 쓰노라면 감추고 싶었던 때도 있었던 가업이 부러움의 대상이 된 것이다. 아직도 대기업과 관공서가 취업준비생들 사이에서는 최고의 선망 직종이긴 하지만, 이젠 작아도 내 일을 하고자 하는 젊은이들이 점차 늘어나고 있다. 가업승계 중엔 직계 승계가 압도적으로 많지만, 평균수명이 길어짐에 따라 조부모와 손주 간 격세 승계도 적지 않으며 한 자녀 가정이 늘어남에 따라 사위나 며느리에 의한 승계도 점차 증가하는 추세다. 그래서 장인匠人정신이 아닌 장인丈人 정신을 이어받자는 우스갯소리도 있다. 가업승계에서 중요한 점은 이를 문서화하고 공식화해야 한다는 것이다. 가족이라고 흐릿하게 넘어가면 나중에 반드시 문제가 생긴다.

3대째는 양자養子가 낫다

하지만 가업승계의 내면을 보면, 어쩔 수 없이 가업을 잇는 경우도 많다. 부모의 강권에 의해, 부모의 사망 또는 병환에 의해, 빚더미 속에 누군가 사업을 계속하지 않으면 파산할 수밖에 없는 현실 때문에 승업하는 경우도 의외로 많은 것이다. 자녀가 준비되어 있지 않을 때 승계하는 경우 그 실패 가능성은 몇 배나 높아진다. 승업의 준비는 업의 습득뿐만 아니라 업에 대한 열정도 포함된다. 가업이라 해도 1대보다는 2대, 2대보다는 3대째 내려갈수록 업에 대한 열정이 잦아들 수밖에 없다. 그래서 "3대째는 양자가 낫다"는 일본 속담도 있다. 3대째는 차라리 양자를 들여 업을 잇는 것이 낫다는 말이다.

배움에는 공짜가 없다

　제3자에 의한 승계, 즉 혈연관계가 없는 개인이 자신이 원하는 기술을 보유한 회사 또는 그 분야 일인자를 직접 찾아가 직원 또는 제자로서 배움을 받는 경우도 있다. 어떤 경우든 명심할 점은 '배움에는 공짜가 없다'는 것이다. 내가 투자한 만큼, 대가를 치른 만큼 배우는 것이다. 예외가 없다. 대가란 돈과 시간이다. '돈 or 시간'이 아니라 '돈 and 시간'이다. 이 두 가지 측면 모두에서 대가를 치뤄야 한다. 비싼 학원비나 교습비를 지불하라는 의미가 아니다. 기술을 배우기 위해, 많은 보수를 받을 수 있는 다른 기회를 포기하는 것도 장시간 불사해야 한다는 뜻이다. 결국, 내가 치른 그 대가만큼 그 업을 더욱 소중히 여기게 될 것이고 내가 소중히 여기는 만큼 그 업은 나에게 반드시 보답을 하게 되어 있다.

분사 형태의 승업

　가업승계나 제3자 승계의 형태가 아니라 회사의 특정 사업부가 분사하거나 그 사업부가 제3자에 의해 인수되는 경우도 있다. 회사의 제조 단위가 점점 세분화되고 작아지면서 큰 사업체가 작은 사업체로 분화되는 추세는 점점 심화될 것이고 따라서, 사업부의 분사는 피할 수 없는 대세가 될 것이다. 이때 이 분사된 사업부를 기존에 근무하던 직원들이 직접 인수하여 스스로 경영하는 사례도 많아질 것이다. 이 역시 승업의 한 형태다.

상하이에서의 구두닦이 창업

국내에서 배운 기술로 해외에서 창업하는 사례도 늘어날 것이다. 예를 들어 구두닦이와 가죽 수선 기술을 배워 중국이나 동남아의 중심상권에서 창업한다든지, 귀금속공예를 배워 홍콩이나 두바이에서 보석 가공일을 한다든지, 목수일을 배워 핀란드에서 사우나 설비 보수 작업을 한다든지 말이다. 이런 일이 이제는 전혀 남의 얘기가 아니다.

하던 대로 하는 게 최선이다

업을 잇는 입장에서의 고민은 '하던 대로 하느냐 아니면 혁신하느냐'일 것이다. 아무리 힘들어도, 3년은 꾹 참고 그냥 하던 대로 하길 권한다. 그냥 아무 생각 없이 하던 관행대로 하라는 것이다. 그러다보면 95%의 일은 예전에 하던 방식이 최선임을 깨닫게 될 것이다. 5% 정도의 일만 개선 또는 혁신이 필요하다고 느끼게 될 텐데, 이는 그때 가서 해도 늦지 않다.

아무리 불합리해 보여도 오랫동안 그렇게 해왔다면 다 이유가 있는 것이다. 그러니 일단 닥치고 시키는 대로 배우자.

#31

승업의 대상도
다양하다

자녀는 이미 보고 배웠다

가업을 이은 자녀의 고생하는 모습을 보는 부모의 마음은 어떨까? 일단은 고마운 마음이 들겠다. "내 자식이 아니었으면 누가 이 고된 일을 물려받을까?" "내 자식이니까 나를 참지 누가 내 성질 다 받아주며 버텨내겠나?" 그러다가도 가끔은 생색을 내고 싶다. "요즘 같은 취업난에 일 가르쳐줘, 평생 일자리 줘, 뒤치다꺼리는 내가 다 해줘" 하는 마음 말이다. 돈 10억을 물려줘도 월 100만 원 좀 넘는 이자밖엔 못 버는 세상에, 평생 먹고살 수 있는 기술을 맨입으로 가르쳐준다는 생색이야 부모 자식 간에도 예외는 아니다. 사실 자식이 하는 걸 흡족히 앉아서 바라만

볼 수 있는 부모가 있겠나? 뭘 해도 내가 직접 해야 마음이 놓이는 사람들이, 서툰 자식의 모습을 보면 오죽이나 답답할까? 게다가 하나라도 더 배울 생각은 안 하고 꾀부리고 잠만 처자는 자식 얼굴만 보면 그냥 다 때려치우고 싶다. 하지만 부모만 모르고 있지, 자녀는 이미 오래전부터 부모로부터 배워왔다. 부모로서 보여준 삶과 일에 대한 태도를 자녀는 어릴 적부터 몸으로 습득하고 있었던 것이다. 부모의 사업이 부침이 심했을수록 자녀는 어떤 어려운 시장 환경에서도 살아남을 수 있는 강인한 DNA을 전수받는다. 가장 중요한 승업 대상은 야성 DNA다.

승업의 대상은 다양하다

승업의 대상은 업종에 따라 차이가 있다. 어떤 업종에서는 기술, 어떤 업종에선 경험과 노하우, 어떤 업종에서는 단골고객, 어떤 업종은 재료 산지, 어떤 업종은 레시피recipe, 어떤 업종은 설비나 장비, 어떤 업종은 허가와 면허 또는 권리금, 어떤 업종은 특허나 상표권이 승업 대상이 되겠다. 또 어떤 업종에서 아직 상업화되지 않은 수만 종류의 샘플일 수도 있겠다. 수제화업의 경우 고객들의 발 모양을 따라 만든 수천 가지의 라스트(발의 형태 그대로 만든 구두 틀), 가발업의 경우 고객의 두상과 모발 패턴에 따른 역시 수만 가지의 두상 스킨이 승업 대상일 것이다. 누구에게는 조부 때부터 쓰던 녹슨 연장이 가장 중요한 승업의 대상일 수 있다. 그걸 지금도 쓰는지 여부는 문제가 안 된다.

사업의 가장 지저분한 면을 가르쳐라

부모는 자녀에게 멋있어 보이고 싶은 욕심이 있다. 그래서 지질한 건 감추고 크고 화려한 것만 보여주려는 경향이 있다. 실제 사업을 생존케 하는 것은 지질하고 더러운 것인데 그건 가르쳐주기를 꺼리면서, "너는 나처럼 하지 말고 새롭고 멋있는 것만 하라"며 격려한다. 이건 자녀를 망하게 하는 지름길이다. 그냥 자신의 업을 있는 그대로 가르쳐줘야 한다. 자녀들은 부모가 생각한 것보다 훨씬 똑똑하다. 이미 가업을 승계하겠다고 결심하고 부모 앞에 서 있는 그들이 가장 알고 싶어하는 건, 무대 앞에선 안 보이는, 무대 뒤 가장 지저분한 사업의 현실이다. 그것이 그들을 앞으로 생존시키고 돈을 벌게 할 거라는 걸 자녀들은 너무나 잘 안다. 가장 추하고 한심한 모습을 그대로 보여줘야 자녀가 성공적으로 가업을 승계할 수 있다.

국립중앙박물관을 가봐라

우리 곁에서 이미 사라진 제품과 기술들 중엔, 다시 부활시킬 만한 좋은 아이템들이 상당수 있다. 여유 있을 때 국립중앙박물관을 일주일 잡고 천천히 둘러보는 것도 유익하겠다. 지금은 세상에 없지만, 다시 살려

세상에 내놓으면 상품성이 있는, 그런 물건들이 있을지 말이다.

#32 고객의 요구는 변덕스러워도 취향은 변하지 않는다

고객의 요구는 논리적이지만 변덕스럽다

고객의 요구는 변덕스러워도 취향은 변하지 않는다? 요구와 취향은 전혀 다른 개념이다. 요구는 제품의 기능에 대한 것이다. 요구는 객관적이고 논리적이며 합리적이다. 문제는, 고객들이 그들이 요구한 대로 만든 제품을 구매하지 않는다는 점이다. 마케팅 담당자의 입장에서는 객관적으로 수치화할 수 있는 '요구'를 수집하고 분석하기를 원하지만, 바로 그 점 때문에 마케터의 예측은 틀릴 수밖에 없다. 게다가 고객의 요구는 매우 변덕스럽다. 그들이 요구하는 제품의 기능은 필요에 따라 시시때때로 바뀌기 때문이다. 그래서 그들이 원하는 대로 제품을 만들어줘도 "내가 이런 걸 원했었나?" 갸우뚱해하며 안 산다.

고객의 취향은 비합리적이지만 일관적이다

이러한 변덕스러운 요구와는 달리 그들의 '취향'은 잘 변하지 않는다. 취향이란 그냥 느낌이다. 어떤 제품에 대해 말로 표현할 수 없는, 그냥 눈이 가고, 입에 맞고, 귀에 편하고, 코를 찌르고, 감촉이 편한 그런 거다. 취향은 주관적이고 비논리적이며 비합리적이다. 참 어렵다. 그럼 예를 들어보겠다. ①자동차 구매 고객 중엔 차의 내부 인테리어를 중시하는 고객과 차의 외장을 중시하는 고객이 있다. 이들 고객 간엔 넘을 수 없는 취향의 차이가 있다. '가솔린차냐 디젤차냐' '흰 차냐 검은 차냐' 심지어 '어떤 브랜드의 차냐'와도 차원이 다르다. '어차피 운전 중엔 차의 외장을 볼 수 없으므로 차의 인테리어가 더 중요하다'는 고객과 '차 내부야 다 거기서 거기고 내 차가 어떻게 보여지느냐가 더 중요하다'는 고객은 서로를 이해할 수도 설득시킬 수도 없다. ②세계적인 여행 정보 사이트인 미국의 익스피디아Expedia가 조사한 결과, 여행자가 호텔을 고르는 결정적 요인은 가격보다는 방 사진이었다고 한다. 고객은 그 사진이 현실과는 다름을 뻔히 알면서도 사진발이 잘 받은 방을 고른다. 정말 알다가도 모르겠는 게 고객의 취향이다. ③2016년 우리나라에서 가장 많이 팔린 과자를 조사했더니, 꼬깔콘(1983년), 포카칩(1988년), 새우깡(1971년), 허니버터칩(2014년), 프링글스(1968년) 순이었다. 이들 중 허니버터칩을 제외하고는 모두 30년 이상 된 과자들이다. 허니버터칩의 매출이 하락하는 추세라 내년엔 다섯손가락 안에 꼽을 과자 모두 20세기의 것으로 채워질지 모르겠다. 정말 세 살 입맛 여든까지 간다는 말이 딱 맞다.

제품에 대한 신뢰는 일관성에 대한 보상이다

고객의 요구는 변덕스럽지만 고객의 취향은 잘 변하지 않는다. 80%의 고객은 변하지 않는다. 변하는 20%의 고객을 좇느라 내가 변하고, 결국 변한 나로 인해 변하지 않은 80%의 고객이 나를 떠나는 것이다. 그러곤 고객이 변해서 망했다고 한다. 고객의 취향을 저격해야 장수할 수 있는데, 고객의 요구만 좇아다니니, 시장이 너무 빨리 변해 도저히 따라잡을 수가 없다고 변명하는 것이다. 고객은 일관적이다. 고객의 제품에 대한 신뢰는, 그들의 변하지 않는 취향을 세심히 살피고 이를 일관되게 만족시킨 제품에 대한 보상이다. 신뢰는 일관성의 산물이다. 고객이 떠나는 건, 고객의 취향은 모르면서 고객의 변덕스런 요구만을 좇으려는 '헛똑똑이' 제품과 서비스에 대한 반응일 뿐이다.

변한 나를 나만 모른다

근데 문제는 고객도 자신의 취향이 뭔지 정확히 모른다는 것이다. 취향은 말이나 글로 표현하기가 참 어렵다. 앞서 말한 대로 취향은 주관적이고 비논리적이며 비합리적이기 때문이다. 그래서 "뭘 원하세요?"라고 물으면 자신의 취향을 밝히기보다는 요구를 밝히는 것이 고객 입장에서는 더 쉽다. 실제 맘속에선 취향을 만족시켜주길 원하면서도 표현할 길이 없는 것이다. 바로 이때 고객도 모르는 자신의 취향을 섬세하게 챙겨준다면 그들은 열렬히 환호할 수밖에 없다. 반대로 고객은 고객을 위한다며 오히려 자신의 취향에서 멀어져가는 제품을 지켜보며 실망한다. 고객은 제품이 변한 걸 아는데 제품은 "나는 초심을 잃지 않았다"고 한다. 그러면 고객은 좌절한다. 변한 나를 나만 모르는 것이다.

"혼자세요?"라고 묻는 식당

최선의 변화는, 변하려고 무진 애는 쓰는데 고객은 그 변화를 느끼지 못할 때다. 과학 역사학자 스티븐 제이 굴드Stephen Jay Gould에 따르면 미키 마우스 인형은 지난 50년간 머리 크기는 키의 43%에서 48%로, 눈의 크기는 머리 크기의 27%에서 47%로 커졌다고 한다. 이를 1년 단위로 나누어보면 머리는 매년 0.1%, 눈은 0.4%씩 커진 셈인데, 체감하기도 힘든 이 자그마한 변화를 위해 미키마우스 팀이 얼마나 보이지 않는 노력과 많은 시행착오를 겪었을까 안 봐도 비디오다. 고객의 취향은 지극히 섬세하다. 기억도 안 나는 작은 배려가 그를 평생 단골로 만들기도 한다. 나는 혼자 식사할 때가 많은데, 식당에 들어설 때 "혼자세요?"라는 말은 듣기 참 거북하다. 한두 번 가면 좀 알아보고 같은 질문은 안 했으면 좋겠는데, 매번 똑같은 질문이다. 그래서 그냥 "뭐 드릴까요?"라고 묻는 곳을 더 찾게 된다.

한식 뷔페가 시들해진 이유

우리는 변화와 혁신의 노이로제에 걸려 있다. 실패의 원인이 느려서라고? 아니다. 오히려 느려야 사소한 고객의 취향을 알아차릴 수 있다. 2시간씩 줄을 서던 2만 원짜리 한식 뷔페가 2년 만에 시들해졌다. 그 이유는 신메뉴 개발이 더뎌서라 한다. 그 많은 메뉴에 뭘 더 개발하나? 신메뉴가 없어서가 아니라 메뉴가 너무 많아서 시들해진 것이다. 이들 한식 뷔페의 논리는 "우리는 고객의 변화무쌍한 취향을 모두 캐치할 수 없다. 그래서 고객들이 선호할 만한 메뉴를 모두 제공하겠으니 알아서 선택하시라"일 것이다. 이러한 논리를 고객들이 좋아할까? 한 번쯤은 선택의 포만감을 느낄지 모르겠다. 하지만, 대부분의 고객들에게 다양한 메뉴는 선택의 피로감만 준다. 결국 뷔페를 방문하는 횟수가 늘수록 고객들은 몇 가지 메뉴만을 고정적으로 선택하게 되고, 메뉴의 다양성은 그들에게 전혀 매력적이지 않게 된다. 메뉴가 많을수록 고객들은 "다 맛있어요"라고 답한다. 무슨 메뉴부터 어떻게 답해야 할지 부담스러운 것이다. 오히려 메뉴가 한 가지인 칼국숫집에서 고객들의 요구는 더욱 섬세하고 구체적이다. 그래서 메뉴가 단순할수록 고객은 편안한 만족감을 느끼는 것이고 그래서 가게가 장수하는 것이다.

#33

단점이 명확할수록
신뢰는 오래간다

20년 감출 수 있는 단점은 없다

대한민국 쇼핑호스트 1호로 업계 최초의 억대 연봉자인 유난희씨의 인터뷰 중 가장 인상깊었던 말은 "누구나 화면을 통해 알 수 있는 제품의 단점은 내가 먼저 이야기한다. 그것이 오히려 제품에 대한 신뢰를 높인다." 단점 없는 제품은 세상에 없다. 고객은 바보가 아니다. '완벽하다'는 광고는 불신만 준다. 현명한 고객은 제품의 장점에 대한 장황한 설명을 들으며 꼼꼼히 단점을 찾아내고, 제품의 단점에 대한 솔직한 얘기를 들으며 가슴으로 그 제품을 신뢰한다. 창업해서 막 시장에 출시한 제품에 대해 "단점이 없다"고 말하면 믿을 사람은 아무도 없다. 차라리 장점

딱 한 가지만 집중해서 어필하라. 장점 한 가지만 제대로 갖춰도 찾는 고객이 반드시 있다. 20년 하려면 솔직해야 한다. 어차피 다 드러난다. 20년 감출 수 있는 단점은 없다.

욕쟁이 할머니 식당에 가는 이유

사실 장점과 단점은 양날의 칼이다. 단점을 억지로 줄이다보면 장점 역시 줄어든다. 그래서 단점을 줄이기보단 장점을 극대화하는 것이 언제나 옳다. 왜냐하면 고객이 안 사는 이유는 단점이 있어서가 아니라 장점이 없어서기 때문이다. 저렴한 제품일수록 단점이 안 보이는데 비해, 비싼 명품일수록 장점과 단점이 극명하게 구분된다. 저렴한 제품은 호불호란 개념이 없는데 비해, 명품일수록 호불호가 극명하게 갈린다. 명품의 중독성은 바로 이러한 단점에서 비롯된다. 단점을 알고도 높은 대가를 지불하고자 하는 자신의 아량과 센스에 대해 고객 스스로 대견해하고 이를 드러내고 싶은 것, 이것이 명품브랜드가 지닌 중독성이다. 고객이 '자신의 아량'을 드러내고 싶은 사례는 명품이 아니어도 찾아볼 수 있다. 욕쟁이 할머니 식당이 그 예다. 욕을 먹어도 '하하' 웃어넘길 수 있다는 나 스스로의 아량과 호탕함을 동행한 사람들에게 드러내고 싶은 곳이 욕쟁이 식당이다. 그래서 혼자서는 잘 안 간다. 나의 호탕함을 드러낼 대상이 없기 때문이다. 그래서 욕쟁이 할머니들도 혼자 온 손님에게는 욕을 잘 안한다. 그랬다간 진짜 시비가 붙을 수 있기 때문이다.

내 업의 장단점을 알고 창업하자

자신의 사업과 제품의 장단점을 정확히 꿰뚫고 있는 창업자는 많지 않다. 푸드트럭을 보자. 푸드트럭의 지정 영업장소를 확대해달라는 민원이 많은 것으로 아는데, 사실 푸드트럭의 가장 큰 장점은 이동성이다. 이동하지 않는다면 의미가 없다. 이동성을 최대한 살려야 사업성이 확보되는 것이다. 식당이 없는 외진 공장, 농번기 새참, 행사가 열리는 산속과 물가, 비포장 건설현장 등 험하고 외진 곳을 찾아다닐수록 돈이 되는 것이 푸드트럭이다. 그래서 푸드트럭 사업은 B2C가 아닌 B2B가 사업의 본질이다. 일반인이 아닌 공장, 농장, 행사 주최 기관, 건설업체 등이 고객이 되어야 푸드트럭은 장수한다.

이와는 좀 다르지만, 우리가 과거 여자의 일, 남자의 일로 구분하여 알고 있었던 일, 그런 일의 성역할을 바꾸면 안 보이던 장점이 생기고 경쟁력이 발휘되는 경우가 흔히 있다. 우리가 고정관념으로 알던 남성과 여성의 장점이 사실은 정반대였다는 것—남자가 더 소심하고 더 꼼꼼하며, 여자가 더 덜렁대고 더 대범하다는 것—이 그것이다.

경쟁사 제품 분석에도 때가 있다

경쟁사 제품의 장단점을 분석하는 것, 이것은 모든 사장들의 숙제다. 유의할 점은, 내 제품이 안 팔릴 때는 경쟁사 제품을 보지 말고 내 제품이 잘 팔릴 때 경쟁사 제품을 보라는 것이다. 내가 주눅들었을 때 경쟁사 제품을 보면 다 좋아 보여서 모방하게 된다. 그러다가 내 제품이 가진 장점까지 잃게 되는 경우를 흔히 본다. 반대로 내 제품이 잘 팔릴 땐 경쟁사 제품이 다 '오징어'로 보이는데, 그때가 오히려 그들의 장점을 냉정히 분석할 수 있는 때다.

#34

광고할 돈으로
샘플 한번 더 돌려라

펩시콜라의 블라인드테스트 광고

30년 전 큰 논란이 되었던 펩시콜라의 광고가 있었다. 코카콜라에 비해 맛없다고 평가받던 펩시콜라가 블라인드테스트로 시음케 하니 펩시를 선택한 사람이 의외로 많더라는 광고였다. 코카콜라를 좋아하던 나는 이 광고를 본 후 스스로 동일한 테스트를 해보았다. 하지만 광고와는 다르게 나는 여전히 맛의 차이를 느낄 수 있었고 코카콜라를 선택했다. 그후로 지금까지 난 코카콜라만 마시고, 펩시만 있는 식당에선 사이다를 마신다. 내가 이 광고를 예로 든 건 광고가 잘못되었다는 걸 말하려는 게 아니다. 이 광고의 메시지는 실제 맛을 보면 소비자의 선택이 달라질 거라는 것이었다. 하지만 실제 체험을 해보니 오히려 나의 선택이 옳았음을 반증한 셈이 되었다. 나와 동일한 체험을 한 소비자라면 펩시콜라의 광고는 오히려 코카콜라에 대한 선호를 강화하는 반대 효과를 가져온 셈이다. 그래서 결론은, 광고보다 중요한 건 체험이라는 것이다. 광고에 쓸 돈 있으면 실제 체험할 수 있는 샘플을 만드는 데 쓰라는 것이다. 눈으로 보는 광고보다는 직접 맛보고 만지고 체험하게 해야 그 제품이 오래 사랑받는다.

에펠탑 효과는 에펠탑에 맡기자

광고 전문가들이 흔히 인용하는 '에펠탑 효과Eiffel Tower Effect'라는 게 있다. 처음엔 흉물이라고 비난받던 에펠탑이 파리 어디서든 볼 수 있는 위치에 서 있어 눈에 익다보니 누구나 좋아하는 명물이 되었던 것처럼, 광고를 통해 제품을 자주 노출시키는 것이 유익하다는 논리다. 하지만 에펠탑 효과는 에펠탑이 공공재이기 때문에 적용 가능한 논리일 뿐이다. 에펠탑이 눈에 익다고 누구나 돈을 내고 에펠탑에 올라가지는 않는다. 마찬가지로 광고를 통해 어떤 제품에 익숙해졌다고 그 제품을 돈 내고 사는 건 아니다. 광고가 구매로 이어지지 않는다면, 자금력이 부족한 창업 기업에게 광고란 그저 빚잔치일 뿐이다. 우리가 만드는 제품은 에펠탑이 될 일이 없다. 에펠탑 효과는 에펠탑에 맡기고 우리는 에펠탑 옆에서 기념품을 팔지, 사진을 찍을지, 핫도그를 만들지만 생각하면 되는 것이다. 그래서 광고보다는 샘플이 언제나 효과적이다.

씨를 퍼뜨리듯 샘플을 뿌려라

앞으로 올 1인 소비 시대에는 개별 고객의 마음에 제품을 각인시켜야 한다. 20년 세월의 쓸림에도 지워지지 않는 깊은 각인을 하려면, 각인할 인두를 뜨겁게 하거나, 인두를 세게 누르거나, 인두 끝을 뾰족하게 하거나 아니면 각인될 마음을 부드럽게 만들거나 넷 중 하나여야 한다. 인두를 뜨겁게 하거나 세게 누르려면 에너지(=돈)가 필요하다. 이건 대기업들의 몫이다. 우리가 할 수 있는 건 인두를 뾰족하게 하거나 고객의 마음을 부드럽게 하는 것인데, 이를 위해 가장 효과적인 방법이 바로 샘플 제공이다. 제품에 자신이 있다면, 샘플을 주는 게 하나도 아깝지 않다. 샘플만 쓰고 그냥 가는 고객은 없기 때문이다. 화끈하게 두 손 가득 담아서 쥐라. 고객은 이 많은 샘플을 혼자 쓰지 않고 주변과 나누게 되어 있다. 나무가 새를 통해 씨를 퍼뜨릴 때 그들에게 먹이를 제공하거나 몸통에 붙여 이동시키듯, 고객을 새처럼 생각하고 씨 퍼뜨리듯 샘플을 널리 전파하라.

한번의 무료체험이 평생 단골을 만든다

무료 샘플은 서비스업에도 해당된다. 특히 고객이 가기가 꺼려지는 곳—여자 입장에서는 카센터, 남자 입장에서는 요가학원—의 경우, 한번의 무료체험이 단골을 유치하는 데 큰 도움이 된다. 칼갈이 서비스의 경우, 낮시간 동안 혼자 있는 주부들 입장에선 낯선 남자에게 선뜻 칼 맡기기가 쉽지 않다. 그래서 칼을 가는 사람은 외모는 더 말끔하게, 말투는 더 공손하게 해야 하고 칼 한번은 공짜로 갈아줘 고객의 마음을 안심시키는 것이 가장 효과적인 영업 전략이다.

샘플 제공 시스템의 구축

샘플의 중요성을 아는 가게들은 이를 보다 체계적으로 제공하기 위해 겸업을 하는 경우도 있다. 국수 공장에서 잔치국숫집을, 정육점에서 고깃집을, 두부 파는 곳에서 두부 전문 식당을, 화장품과 두피 케어 제품 파는 곳에서 뷰티숍을 운영하는 것이 모두 이런 경우다. 이들 식당이나 숍은 동종 업소에 비해 상대적으로 저렴하다. 그들에게 있어 식당이나 숍은 샘플 제공의 의미일 뿐, 본래 목적은 제품을 파는 것이기 때문이다.

#35

장수 아이템은 '~하게 보이게' 한다

아재는 아재버거 안 먹는다

간만에 20년 전 즐겨 찾던 롯데리아를 들러 메뉴를 보다가 예전에 먹던 치즈버거 비슷하게 생긴 AZ버거가 눈에 띄었다. "에이제트버거 주세요" 했더니 젊은 남자 점원이 씩 웃으며 "아~ 아재버거요" 하는데, 조금 당황했다. 젊은이들이야 별생각 없이 아재버거 시키겠지만, 나 같은 진짜 아재는 아재버거 안 시킨다. 그러지 않아도 젊은 기분 좀 내려고 간 곳에서, 아재가 아재버거 먹을 일 있나? 내가 들어본 것 중 최악의 버거 이름이다. 근데 맛있긴 하더라. 여하튼, 중요한 건 내가 롯데리아에서 구매하고자 했던 건 맛이 아닌 추억이었다. 주위에 XX천국 등 프랜차이즈 김밥집이 즐비한 가운데서도 꿋꿋하게 자리잡은 대구의 김밥집 사장님에게 그 비법을 물었더니, "엄마가 소풍 때 싸준 김밥과 어떻게 하면 가장 비슷하게 보일까 노력했다"고 하더라.

'~해서'가 아니라 '~해 보여서' 장수한다

사실 우리 주위에 꾸준히 팔리는 제품들을 보면 결코 성능 때문만은 아니다. 활명수가 100년 동안 가장 좋은 소화제라 가장 많이 팔렸겠는가, 아니면 안티푸라민이 어디 발라도 다 낫게 해줘서 가장 많이 팔렸겠는가? 할머니 때부터 엄마 그리고 나, 우리 아이들까지 그냥 먹고 바르면 '다 나을 것 같아 보여서' 지금까지도 먹고 바르는 것이다. 장수 아이템은 '~ 해서'가 아니라 '~해 보여서' 오래간다. 성능으로, '~해서' 승부를 보려 하면 언젠가는 '더 ~한' 제품에 밟히게 되어 있다. 장수하려면 '~하게 보여야' 한다. 성능이 아닌 이미지를 갖춰야, 어떤 성능 좋은 제품이 나와도 경쟁에서 살아남을 수 있다. 물론 일관된 품질은 기본이다.

남자답게 보이게 하는 제품들

이런 점에서 볼펜, 지갑, 안경은 그를 대체하는 어떤 첨단제품이 나온다 해도 당분간 없어지지 않을 것 같다. 남자를 지적으로 보이게 하는 필수품이기 때문이다. 최악이긴 하지만 담배도 당분간은 없어지지 않을 것 같다. 말보로의 마초적 광고로 인해, '담배 피는 남자가 남자답다'는 이미지가 중년 이상의 남성 흡연자들의 머릿속에 깊이 각인되어 있기 때문이다. 그래서 담뱃값을 올리는 것보다는 '담배 피는 남자는 냄새나고 매력없다'는 느낌을 주는 광고가 금연엔 더 효과적일 것이다. 담뱃값이 지금의 10배가 된다면 담배는 부자들의 기호품이 될 것이고, 되레 '담배 피는 사람은 돈 있는 사람처럼' 보이는 느낌을 줄 수 있다.

믹스커피 광고에 이나영, 김태희, 김연아가 나오는 이유

반대로 화장품 광고모델의 경우 그 시대를 대표하는 미인들이 독점할 수밖에 없다(가끔 아닌 경우도 있지만 그건 실험적 시도일 뿐이다). 기능만을 강조했다면 피부가 안 좋은 여성의 화장 전과 후를 대조하는 광고가 훨씬 설득력 있겠지만, 화장품은 실제 예뻐지는 것보다 예뻐 '보이게' 하기 위함이 더 크다. 그래서 여성들이 선망하는 가장 예쁜 여자들이 광고에 나올 수밖에 없는 것이다. 동네 뒷산 가면서도 히말라야 등정 수준의 명품 등산복을 입고 가는 중년의 아저씨들, "나 할 일 없어 산에 온 것 아니거든?"이라는 사실을 눈으로 보여주기 위해 실업자도 등산복은 명품으로 뽑는다.

믹스커피는 2012년을 기점으로 매출이 하락세라 한다. 소비층도 40대

이상으로 이동했다고 한다. 믹스커피를 가장 기피하는 세대는 누구일까? 바로 20대, 30대 여성들이다. 그래서 믹스커피 광고에 2030 여성들이 가장 선망하는 이나영, 김태희, 김연아 3인이 등장하는 것이다.

너무 비싼 명품은 짝퉁도 없다

식당도 양극화가 진행 중이다. 크고 세련되거나 아예 작고 허름하거나. 확실히 대조가 되어야 SNS에 번갈아 올리며 다양한 스타일의 삶을 즐기고 있음을 보여줄 수 있는 것이다. 명품 시계를 보라. 최고급 명품브랜드를 제외하고는, 특히 신생 브랜드의 경우 필요 이상으로 견고해 보이거나 세밀하거나 정교해 보인다. 명품다워 보이려 어떻게든 발버둥치는 것이다. 명품백도 그렇다. 어느 브랜드인지 겉으로 봐선 알 수 없는 백은 최고의 VVIP만 선호할 뿐, VIP 이하에겐 선호도가 낮다. 그들에겐 브랜드가 딱 드러나야 한다. 큰맘 먹고 사는데 일단 명품티가 팍팍 나야 한다. 그래서 한때 루이비통 가방이 여성들의 '머스트해브Must-have'가 된 것이다. 누구나 가지고 다니니 짝퉁이어도 진짜로 알아본다. 그래서 짝퉁이 널린 것이다. 이에 반해 에르메스의 경우 가격이 너무 높아, 짝퉁을 들고 다니면 누가 봐도 짝퉁인 줄 안다. 그래서 짝퉁이 드물고, 있어도 잘 팔리지 않는다.

보여줄 수 없다면 구매할 이유도 없다

첨단 전자제품의 경우도 마찬가지다. 새로 출시된 첨단제품의 새로운 기능 대부분을 단 한번도 사용하지 않을 거라는 사실을, 제조사도 알고 고객도 안다. 그럼에도 그런 '기능 과부하' 제품을 제조사는 대대적인 광고를 하고, 고객은 비싼 돈 주고 줄 서서 가장 먼저 구입하는 이유는 혁신적으로 보이기 위함이다. 뉴욕에 다녀온 사람들이 뉴욕의 유명 스테이크집이 국내에 오픈하면 가장 먼저 가서 줄 서서 먹는 이유는 "나 전에 거기 가봤거든!"이라고 보여주기 위함이고, 굳이 좋은 국내여행지 놔두고 해외여행을 바득바득 고집하는 이유는 멋진 사진을 얻기 위해서다 (내가 사는 곳에서 멀리 갈수록 사진은 잘 나온다. 지구 반대편이라면 최고로 사진발이 잘 받는다). 매출 부진에도 불구하고 패밀리레스토랑 몇 곳은 끝까지 살아남을 거다. 왜냐면 가족 간의 친밀함을 남들에게 SNS상에서 보여줄 수 있는 장소—그곳에 가면 화목해 보여!—가 한 곳은 있어야 하기 때문이다. 한여름 난리 북새통에도 불구하고 바닷가 한번은 가봐야 여름을 제대로 보낸 것 같은 그런 기분과 같은 것이다.

#36

기억에 없던 고객이 VIP가 된다

웨딩숍은 신부 모두가 단골이다

웨딩숍을 운영한다면 단골의 개념이 참 애매할 것 같다. 신부는 단골이 될 수 없겠다. 결혼을 몇 번 할 게 아니라면 말이다. 그렇다면 결혼식장이나 웨딩 컨설팅 회사는? 물론 그곳에서 신부에게 웨딩숍을 추천해줄 수는 있겠지만, 실제 이를 그대로 따르는 신부는 많지 않을 것 같다. 일생 한번 입는 웨딩드레스니 신부 스스로 고르고 싶을 것이다. 그래서 웨딩숍 입장에선 '한번 거래하면 끝'이라는 생각이 들 수도 있겠다. 하지만 그들에게 본격적인 영업은 결혼식이 시작되는 순간부터 개시된다. 결혼식은, 신부에게 있어선 평생 본인이 초대할 수 있는 가장 많은 사람들 앞에서 '일생일대 최고의 아름다운 모습'을 보여주는 순간이다. 그리고 한동안 누구를 만나든, 대화의 중심은 자신이 입은 드레스에 대한 이야기다. 신부에게는 거북하게 들릴 수 있겠지만 웨딩숍 입장에서 결혼식 날 신부의 모습은 광고나 다름없다. 신부의 입을 통해 결혼을 준비하는 지인들에게 드레스와 웨딩숍에 대한 시시콜콜한 것까지 퍼져 나가니 말이다. 고객 한 명 더 데려오기는 힘들어도 고객 열 명 떨어져나가게 하기는 정말 식은 죽 먹기다. 그래서 웨딩숍 입장에선 한 명의 고객도 끝까지 소홀히 할 수 없다. 오래 장사하려면 말이다.

대기업은 VIP고객이 아니다

작은 회사일수록 대기업이라면 사족을 못 쓴다. 그들은 대기업을 고객으로 유치하기 위해서라면 다른 고객에 비해 몇 배의 노력을 더 들이는 것도 불사한다. 그들의 회사 소개서를 보면 한번이라도 납품한 적 있는 대기업 로고부터 나열되어 있다. 대기업 납품 여부가 그들 회사의 수준을 결정짓는 바로미터인 것이다. 하지만 대기업에 대한 그들의 사랑은 짝사랑으로 끝나는 경우가 대부분이다. 그만큼 지속적으로 납품하기가 힘들다. 대기업일수록 실제 업무를 담당하는 직원은 중간관리자 이하인 경우가 대부분이고 정해진 구매 시스템에 의해 거래가 이루어지므로 '인간적인 신뢰 구축'이라는 말이 무색한 게 현실이다. 혹시나 지속적인 거래가 이루어진다 해도, 그 거래 이면을 보면 매출의 대부분을 대기업에 의존할 수밖에 없는 거래 구조 특성상, 불평등 관계가 필연적이다. 20년 장수하는 데 있어 매출 다변화는 필수적이다. 매출이 한 고객에게 집중되어 있다면 그와의 거래 규모와 상관없이 안정성 측면에서는 매우 취약한 것이다. 결론적으로 대기업은 좋은 고객이 아니다. 20년 장수를 생각한다면 대기업은 VIP가 될 수 없다. 이는 동네 가게도 마찬가지다. 그들도 부자 손님이라면 사족을 못 쓴다. 잘 차려입고 현금 두둑이 넣고 다니는 부자 손님들이 자기도 부자로 만들어줄 것 같지만 천만의 말씀이다. 있는 놈이 더하다. 물건값 깎아달라 하고, 외상을 밥먹듯 하며, 조금만 물건에 하자가 있어도 고래고래 소리지르는 이들 중엔 의외로 부자들— 졸부들—이 많다.

작은 고객들이 VIP다

진짜 VIP들은 조용하다. 그들은 싫으면 그냥 안 온다. 그래서 더 무섭다. 내가 무시해도 무시당하는지 모르고(어쩌면 모르는 척하고), 내가 다른 손님만 챙겨도 혼자 군말 없이 물건만 꼼꼼히 고르고 조용히 돈 치르고 나가는 고객, 그들이 VIP다. 내가 단골로 만들려고 기를 쓰는 자들은 진상고객이 되고, 무시했던 그들은 VIP고객이 되는 것이다. 어쩌면 그들은 처음엔 무시당할 만하게 보였을지도 모른다. 매출은 큰 고객(머리)이 아닌 작은 고객(꼬리)에게서 나온다고 하지만 고객을 거래 규모로 줄을 세울 때, 뒷부분의 긴 꼬리Long tail에 위치한 고객까지 챙길 여유가 창업 초

짜들에게는 없다. 하지만 오히려 그들은 나의 상황을 십분 이해하고 나를 귀찮게 하지 않으면서 오직 제품의 품질만을 꼼꼼히 살펴본다. 그리고 만족스러우면 처음엔 한 개, 다음엔 두 개, 그다음엔 한 개, 다시 세 개, 이런 식으로 구매하며 서서히 단골이 된다. 사실 구매 규모가 큰 고객으로부터 얻는 마진과 구매 규모가 작은 고객으로부터 얻는 마진의 총액은 거의 비슷하다. 많이 사면 산 만큼 할인해주기 때문에, 적게 사지만 제값 주고 사 간 경우와 남는 건 비슷하다. 그래서, 매출이 다변화되어 있는 것이 마진 측면에서도 훨씬 유리한 것이다. 100원 구매하는 고객 1명보다 10원 구매하는 고객 10명이 훨씬 귀하다. 큰 오더 좋아하지 마라. 한번에 과식하는 것보다 규칙적인 소식이 장수에 도움이 된다.

오래된 단골일수록 작은 고객들이 많다

장수 기업의 경우 가장 오래된 고객부터 줄을 세울 때 앞에서부터 절반까지의 고객으로부터 나온 누적 매출—창업 후 현재까지의 매출의 합—이 총누적 매출에서 차지하는 비중은 80%가 넘는다. 당연해 보이는 결과지만, 오래된 고객들의 대부분이 구매 규모가 작은 고객들임을 감안하면 놀라운 사실이다. 큰 고객은 몇 번의 큰 구매를 할지는 몰라도 한 거래처에 오래 머무르지 않는다. 그래서 작지만 오래된 고객들이 더 소중한 것이다. 사실 작은 고객은 언제까지나 작은 고객에만 머물러 있지는 않는다. 이들이 언젠가 큰 고객이 되는 그날이 바로 '야수가 왕자로 변하는 대

박의 순간'이다. 그러니, 큰 고객 좋아하지 마라. 왕자가 하루아침에 야수
가 되는 쪽박의 순간은 주위에 널렸다. 야수가 왕자가 될 때까지 고객을
끝까지 붙들어라.

#37

고객보다 무식해야
20년 간다

삐쩍 하니 눈만 반짝거릴 때가 돈 벌릴 때다

처음엔 무시했던 고객이 20년 단골이 되는 것처럼, 고객 입장에서 처음엔 맘에 안 들었던 거래처가 평생의 협력 회사가 되는 경우가 많다. 이들 거래처 사장들의 첫인상은 그다지 호감형은 아니다. 볼품없고 말주변도 없으며 앞뒤가 꽉 막혔다. 그들은 일 외에는 볼 게 없다. 누구든 가장 자신 있는 것으로 영업하는데, 그것이 외모라면 외모로, 말발이라면 말발로, 사교성이라면 사교성으로 하지만, 아무것도 없으면 품질로 영업한다. 이중 돈 버는 영업은 결국 품질이다. 그래서, "삐쩍 하니 시꺼멓고 눈만 반짝거릴 때 돈 벌기 시작한다"는 옛말은 틀리지 않다. 혹시 얼굴에 살도 붙고 기름도 끼고 허여멀겋게 됐다면 이제 더이상 돈은 안 벌린다는 신호일지 모른다.

구두 닦는 데 정우성의 외모는 핸디캡이다

코미디언 중 오래도록 대중적 사랑을 받는 이들을 보면 공통점은 하나, 바보 연기의 달인이란 점이다. 코미디언 중엔 톡톡 튀는 유머와 번뜩이는 재치로 시청자들을 사로잡는 이들도 있으나 그들의 수명은 그리 오래가지 못한다. 대부분 반짝하다 마는 것이다. 역시 코미디의 정수는 '바보 연기'다. 그것만큼 유행을 안 타는 장르의 코미디는 없다. 고객은 거래처 사장이 자신보다는 좀더 무식하고 못나고 고지식하기를 원한다. 앞서 3D 업종이 향후 장수할 가능성이 높다고 했는데, 구두 수선을 예로 들어보자. 냄새나는 더러운 구두를 수선 맡기러 갔는데, 구둣방 사장이 정우성처럼 생겼다면 구두를 선뜻 맡길 고객이 얼마나 되겠나? 외모가 소탈해야 고객은 별생각 없이 구두를 맡길 것이다.

무식할수록 장수한다

장수하는 가게는 무식할 정도로 튼튼하게 만든다. 1,000년 가는 한지,

수심 100미터에서도 끄떡없는 시계. 솔직히 이런 게 무슨 소용 있겠나? 수심 100미터에서 시계 볼 일도 없고 1,000년 살 일도 없는데 말이다. 하지만 바보 같은 그들에겐 그런 게 중요하다.

장수하는 가게는 무식할 정도로 깨끗하다. 그들의 하루 일과의 시작과 끝은 모두 청소다. 돈은 안 세도 청소는 빠뜨리지 않는다. 청결, 또 청결이다. 납품 박스포장도 허투루 하는 법이 없다. 박스테이프도 줄 맞춰서 똑바로 붙인다. 장수하는 가게는 무식할 정도로 위험을 감수한다. 옥玉은 철보다 단단하다. 그래서 옥은 초고속으로 회전하는 절삭 날에 일일이 갈아서 가공해야 한다. 옥을 가공하는 옥장玉匠은 이 절삭 날에 1밀리미터라도 옥을 더 가까이 접근시키려 맨손을 날에 최대한 가까이 댄다. 장갑을 끼면 감각이 떨어진다고 장갑도 안 낀다. 결국 고객은 무식하게 망가진 그의 손을 보고 그의 제품을 평가한다.

장수하는 가게는 무식할 정도로 약속을 지킨다. 고객이 만류해도, 정해진 납기가 있으면 밤을 새우고 휴일을 반납해서라도 지켜낸다.

장수하는 가게는 무식할 정도로(티도 안 나는 방법으로) 고객을 챙긴다. 어떤 셰프의 이야기인데, 그는 요리할 때 식사 후 맛있게 먹었다는 얘기를 듣는 것이 아니라 다음날 아침 속이 편한 고객의 모습을 머릿속에 그린다고 한다. 혀가 아닌 몸에 좋은 음식만을 생각하는 것이다.

마지막으로, 장수하는 가게는 뭐든 듬뿍 준다. 이래도 남을까 싶을 정도로 말이다. 고객은 이런 바보 같은 가게와 오래도록 함께하고 싶어한다.

똑똑한 척하지 마라

근데 광고를 보면 정반대다. 어떻게 하면 고객보다 스마트하게 보일까 하고, 어떻게든 고객 머리 위에 있으려 한다. '대한민국 1등' '선택은 오직 하나' '따라올 테면 따라와봐!' '아직도 그걸 쓰니?'류의 제품들, 정말이지 오래가는 걸 못 봤다. 빨리 죽으려고 돈 쓰는 광고들이다. 겸손은 그것이 지나쳐 위선으로 보일지라도 언제나 유익하다. 낮출 수 있을 때까지 스스로를 낮춰라.

고객에 대해 아는 척 좀 하지 마라. 프리미엄 노트북 시대가 열린 1997년, 당시의 주력 고객은 대기업 간부와 전문경영인이었다. 20년이 지난 지금은 젊은 대학생과 여성이다. 그래서 20년 전 프리미엄 노트북의 기준은 최고급 사양과 묵직함이었던 데 반해, 지금은 저소음(도서관용), 초경량(여성용), 초절전(야외 데이트 영화 감상용)이 그 기준이 된 것이다. 누가 상상이나 했겠는가? 그 누구도 고객보다 똑똑할 수 없다. 더 똑똑할 수 없다면 차라리 바보가 되는 게 정답이다.

#38

현금과 신용등급, 20년 롱런의 지표다

죽어야 할 땐 죽어야 한다

지난 책 『1인 제조』에서도 강조했지만, 오늘 사업을 접는 것이 가장 합리적이라면 오늘 바로 접을 수 있어야 좋은 회사다. 회사가 크고 무거울수록 ―자산과 부채가 많을수록 그리고 경직되고 딱딱할수록 ―고정자산의 비중이 클수록 그 회사는 접고 싶어도 제때 접을 수가 없다. 크고 무거운 회사들은 100미터 달리기에 적합한 스프린터의 체격이다. 이런 큰 덩치는 폭발적 에너지가 필요한 시장의 급성장기에는 적합할지 몰라도, 멈춰야 할 때 바로 멈추지 못하고 큰 몸집과 관성에 의해 계속 달릴 수밖에는 없다. 이들은, 갚아야 할 부채 때문에, 줘야 할 많은 퇴직금 때문에, 헐값 받고 팔기엔 너무 아까운 설비와 부동산 때문에, 죽지도 못하고 좀비처럼 연명하는 것이다. 반면 작고 가볍고 유연한 마라토너의 경우 멈춰야 할 때 멈출 수 있는 최적의 체격이다. 이런 체격을 갖추기 위해서 회사는 자산과 대출의 규모는 물론 자산 중 고정자산의 비중 역시 최소화해야 한다. 다음의 네 가지를 지킨다면 마라토너의 체격을 가질 수 있겠다.

마라토너의 체격을 가지려면 손해도 감수해야 한다

첫째, 받을 돈 철저히 받고 줄 돈 철저히 줘야 한다. 돈을 떼일 것 같거나 결제조건이 안 좋은 고객과는 거래하지 말아야 한다. 그들과의 거래는 갈증 난다고 소금물 들이키는 것과 같다. 돈 떼일 매출은 매출이 아니라 비용이다. 재료를 살 땐 외상 달지 말고 현금으로 결제하라. 재료의 품질을 좌우하는 건 결제를 제때 하는가 아닌가에 100% 달려 있다고 봐도 과언이 아니다. 돈 제때 안 주는 것만큼 갑질은 없다.

둘째, 돈은 회사 내에 머물게 하지 마라. 돈이 들어오면 그 즉시 줄 돈 주고 빚부터 갚아라. 빚이 없다면 사장이 마음대로 쓸 수 없도록 이중 키를 만들어 하나는 내 말을 가장 안 듣는 사람(예를 들면 배우자)에게 줘라. 돈을 회사 내에 두면 자꾸 딴생각하고 이상한 데 돈 쓰기 마련이다.

셋째, 금리 좋게 준다고 해도 돈 꾸지 마라. 은행이나 제2금융권에서 "앞으로 금리가 오를 테니, 금리 낮을 때 대출받아서 사업 확장하시라"

며 살살 꼬실지 모른다. 명심하라. 금리가 낮다는 건 그만큼 대출해줄 만한 회사들이 적다는 뜻이고, 현재의 경제 상황이 회사가 돈 벌기엔 척박하다는 뜻이다. 금리가 낮으면 낮은 대로 높으면 높은 대로 다 그 의미가 있으며, 금리가 낮다고 좋지도, 높다고 나쁘지도 않다. 또한 금리가 아무리 낮아도, 대출받아 사무실 넓히거나 장비 사지 마라. 부채를 늘려 자산을 증가시키겠다는 건, 스테로이드 약물을 복용해 스프린터의 체격을 갖겠다는 것과 같다. 오히려 자산을 팔아서 부채를 줄여도 시원치 않을 판이다. 분양 대출이자보다 현재 월세 임대료가 높더라도 그냥 지금처럼 임대하고, 장비 대출이자보다 렌털 비용이 높더라도 그냥 지금처럼 장비를 렌털하라. 현금화가 어려운 자산은 막상 필요한 순간에 오히려 짐만 된다. 지금 당장은 손해보는 것 같아도 자산 규모를 최소화하고 빚을 줄이는 것이 옳다.

넷째, 조직은 동결하거나 최소화하라. 오히려 조금 여유가 있을 때 조직을 축소하는 것이 맞다. 폐업하고 싶어도 연체된 봉급과 국민연금, 4대 보험, 그리고 퇴직금 때문에 폐업 못하는 한계기업들이 부지기수다. "직원들 그만두게 하려니 눈에 밟혀서"는 20년 가려는 사장이 할말은 아니다. 모든 직원이 20년 결승점에 함께 안착할 수는 없다.

돈을 만져야 제품원가가 머리에 들어온다

"금고는 사장이 지키라"는 옛말이 있다. 누가 돈 훔쳐갈 수 있으니 금고 잘 지키라는 얘기가 아니다. 요즘 누가 금고에다 돈을 넣어두나? 금고를 지키라는 건 돈의 입출을 직접 챙기라는 뜻이고, 그래야만 제품의 실질 원가를 구체적으로 알 수 있다는 뜻이다. 장부상의 비용, 회계상의 비용은 아무 소용없다. 돈이 들어오고 나가는 현금 원가가 중요하다. 그걸 알아야 가격을 올려야 할지 내려야 할지, 새로 제품을 개발할 때 원가가 얼마 정도 될지 알파고가 자동적으로 머릿속에 생기는 것이다.

현금과 신용등급이 20년 사업의 성적표다

장수하는 가게일수록 외형적인 지표—매출, 성장률, 가게 평수 및 종업원 수— 는 중요하지 않다. 이런 외형적인 지표는 경제 여건에 따라 얼마든지 들쭉날쭉할 수 있다. 중요한 것은 풍년일 때나 흉년일 때나 한결같은 태도이며, 이를 증명하는 지표가 바로 신용등급이다. 아무리 매출이 크고 외제차를 몰아도 신용등급이 엉망이라면 그건 사업이 아니라 쇼다. 20년 롱런의 주요 지표는 오직 현금과 신용등급 뿐이다.

#39

20년 롱런은
사람이 결정한다

나눌수록 롱런한다

20년 20억을 위해서는 하루 얼마를 벌어야 하나? 연간 근무일 수를 250일로 가정하면, 20년간 근무일 수는 총 5,000일이다. 20억 원을 5,000일로 나누면 하루 40만 원이다. 하루 40만 원, 꿈같은 숫자인가? 혼자 벌려면 그럴 수도 있겠다. 하지만, 내가 20만 원 벌고 직원 2명이 각각 10만 원씩 벌어준다면 하루 40만 원은 꿈이 아니다. 1인 기업이라도 내가 20만 원 벌고, 내 영업 파트너 4명이 각각 5만 원씩 벌어준다면 40만 원이다. 혼자 벌려고 하니 40만 원이 커 보이지만, 일을 나눌수록 부담은 작아진다. 그래서 20년 20억은 사람이 결정하는 것이다.

가족 같은 회사는 없다

그렇다고 죽어도 같이 죽고 살아도 같이 사는 운명공동체가 되라는 얘기는 아니다. 결합이 단단하고 촘촘할수록 그 조직은 오래가기 힘들다. 앞서 금이 잘 늘어나고 가늘게 뽑히는 이유는 금 내부의 자유전자가 자유롭게 돌아다닐 수 있기 때문이라고 했다. 협업은 하되 조직 내 개인의 자유도가 높아야 회사가 오래간다. 이런 자유도가 높은 조직일수록 공과 사의 구분이 명확하다. 주중에는 회식, 주말엔 단합대회로 행사가 많은 조직일수록 오래가는 회사 못 봤다. 형 동생 부르며 으쌰으쌰 하는 조직일수록 월급 제대로 주고 인사고과 공정한 회사 못 봤다. 가족 같은 회사? 가족은 집에만 있다. 회사는 회사일 뿐이다.

평생 파트너? 돈이나 제때 줘라

협력(하청)업체에 대해서도 마찬가지다. 그들을 옴짝달싹 못하게 단단히 묶어두면 둘수록 그들은 결국 배신하고 경쟁사로 튀어 나간다. 돈도 제때 안 주면서 술 마실 때만 부르고 천년만년 함께하자며 어깨동무하고 노래해봤자 속으론 "돈이나 빨리 주지!" 하며 욕한다. 좋은 협력관계란, 제때 돈 주는 관계다. 가치를 인정하고 제값 쳐주는 게 단골이다. 그래서 어떤 회사가 건전한지 알아보려면 그 회사의 협력사에 물어보면 된다. 고객사로부터 아무리 좋은 평가를 받아도 협력사로부터 최악의 평가를 받는 회사는 결코 오래가지 못한다.

사장보다 열심히 일하는 직원은 없다

직장에서는 위를 챙길수록 성공하지만, 사업에서는 아래를 챙길수록 성공한다. 사장은 가장 열심히 일하는 직원이어야 한다. 직원을 열심히 일하게 하려면 사장이 더 열심히 일해야 한다. 일하는 척 들들 볶지만 말고, 정말 힘든 일은 사장이 직접 해야 한다. '팝핀현준'으로 알려진 춤꾼 남현준, "후배보다 더 잘할 필요는 없다. 하지만 그보다 더 열심히 해야 한다. 그래야 그가 배운다." 대금 명인 이생강 선생, "제자가 대금을 불 때 같이 불어야 그의 소리가 내 소리처럼 나온다." 이들의 이야기는 기업에도 그대로 적용된다.

창업하려면 배우자부터 설득하라

사실 장수 기업에게 가장 중요한 파트너는, 직원도 협력업체도 아니다. 바로 가족이다. 앞서 마라톤을 완주하려면 치어리더가 있어야 하고 그 역할을 맡을 가장 중요한 사람이 가족이라 했다. 그중에도 한 명만 꼽자면 배우자다. 450년 된 독일의 최장수 가족기업인 유리 명가 포싱거poschinger 는 배우자를 고를 때, 반드시 어려움과 굴곡을 겪은 사업가 집안에서 구하는 전통이 있다. 창업이란 결국 부부가 함께하는 것이다. 그래서 아무리 창업하고 싶어도, 배우자가 정말 반대한다면 창업은 안 하는 게 맞다. 배우자가 반대한다면 그 창업의 성공 가능성은 확연히 낮아지기 때문이다. 그래도 꼭 해야겠다면, 배우자를 최선을 다해 설득해야 한다. 배우자는 내가 설득해야 할 가장 중요한 첫번째 고객인 셈이다.

#40

20년 창업의
키워드는 '1인 소비'다

미래 창업의 키워드는 '1인 소비'다

창업을 둘러싼 향후 20년간의 환경변수 가운데 중요한 키워드 하나를 꼽으라면 나는 '1인 소비'을 꼽겠다. 1인 소비란 제공되는 모든 제품과 서비스가 1인이 소비하기에 적합하도록 해체되고 단순해지며 축소되고 섬세해지는 것을 의미한다. 이는 독신 인구와 독거노인의 증가에 따라 1인 가구가 늘어나는 단순한 인구 사회학적 추세 때문만은 아니다. 함께 있으면서도 자기 ID로 로그인한 각자의 세계에서 독립적 생활을 추구하는 경향은 피할 수 없는 대세다. 온 가족이 한 테이블에 앉아 있으면서도 스마트폰을 통해 각자 다른 소비를 하는 모습은 이제 받아들여야 할 현실인 것이다. 대학생 10명 중 9명은 혼자 밥 먹고 혼자 영화 보는 것이 일상이며, 10명 중 7명은 혼자가 더 편하다는 설문조사도 있다. 이젠 '함께' 보다는 '혼자'가 당연하고 일반적인 세상에 살고 있는 것이다. 이런 1인 생활패턴과 소비성향은, 대중 소비에 익숙해진 제품과 서비스의 기능과 형태를 근본적으로 바꾸어놓을 것이다. 또한 그뒤에 숨은 어두운 현실 —인류 최대의 질병은 암도 바이러스도 아닌 외로움이 될 것이고, 가장 큰 사망 요인은 자살이 될 거라는— 에도 불구하고, 인류가 암을 정복해가듯, 이 역시 새로운 차원의 1인 소비를 통해 극복해나갈 것이라고 믿는다.

납골당용 미니 차례상

누군가는 향후 20년의 키워드를 '공유 소비'라고 한다. 공유 소비는 하나 사서 여럿이 나눠 쓰자는 절약의 개념만은 아니다. 불황이 장기화되면서 이런 측면이 부각되긴 했어도, 공유 소비의 본질은 혼자 구매할 수 없는 여러 제품을 함께 구매해 공유함으로써 다양한 소비를 즐기자는 것이다. 그렇다면, 공유 소비도 결국 1인 소비의 한 형태가 아닐까? 1인 소비의 개념이 좀 애매한가? 최근 내가 본 가장 1인 소비다운 아이템은, '납골당용 미니 차례상'이다. 손바닥만한 차례상 위에 고인이 좋아하던 음식, 옷과 가방, 담배와 재떨이, 술 그리고 취미로 즐기던 악기까지 하나하나 깨알만한 크기로 실물과 똑같이 제작한 것이다. 그 사람의 모든 인

생을 파노라마처럼 담아내는 이 작업은 개별 고객에게 완전히 특화된 '작품'이다. 이 업이야말로 경험이 쌓여감에 따라 멋스러워지는 평생직업이 아닐까?

제품을 해체하자

그 밖에 1인 소비에 맞는 아이템으로, 곰인형이 있다. 반려동물을 키우자니 부담되는 1인 생활자들을 위한 불멸의 아이템이다. 곰인형, 많은 종류가 있지만 무슨 기능이 그 안에 추가되던 간에 만져지는 감촉은 우리가 기억하는 '그것'이어야만 한다. 행여나 첨단 곰인형을 만든다고 그 감촉을 바꾼다면 100% 망하는 아이템이 될 것이다. 현재 시장에 널린 제품들 중 대중 소비에 최적화되어 혼자 쓰기에 불편한 것만 중점적으로 발굴하여 사업화하는 것도 의미 있겠다. 마트에 가서 제품을 하나씩 살펴보면서 어떻게 해체하고 분리해야 혼자 쓰기 편할까 고민하는 것이, 프랜차이즈 설명회 쫓아다니는 것보다 유익할 것이다.

야간 보수 전문 여성 기술자

1인 가구가 늘어나면서 편의점이 새로운 유통 플랫폼으로 자리잡고 있지만, 향후 인력난으로 상당 부분 대형 자판기로 대체될 것이며, 이를 위한 대형 자판기 유지보수 사업이 급증할 것이다. 미래의 자판기는 조리 음식도 판매할 텐데 이때 실물과 99% 동일한 전시용 정밀 음식 모형제작 역시 재미있는 아이템이라고 본다. 그리고 1인 가구와 1인 기업의 각종 기구 수선과 청소 역시 반드시 있어야 할 아이템이다. 욕조 없는 1인 가구가 느는 만큼 공중목욕탕을 싫어하는 사람들을 위한 1인 목욕탕도 떠오를 아이템이다. 좁은 공간의 활용을 극대화하기 위한 작고 얇고 가벼운 소형 목재 가구 역시 필수품목이 될 것이다. 1인 방송이 늘어남에 따라 이들을 위한 소형 방송 장비의 렌털과 유지보수업도 각광받겠다. 홀로 사는 직장 여성들을 위한 야간 보수 작업 전문 여성 기술자에 대한 수요도 급증할 것이며, 독거노인이나 장애인, 외국인을 위한 전용 카센터 역시 틈새업종이 될 것이다. 최근 삼성전자가 'S드림' 서비스를 통해 각종 가전 및 통신 제품의 설치, 배송, A/S 등 통합 서비스를 제공한다고 대대적인 광고를 하기 시작했다. 1인 가구에 대응하기 위한 사실상의 미래 영업이라 생각한다. 삼성은 1인 가구가 무엇을 원하는지 정확히 간파하고 있는 것이다. 여성 전담 팀도 별도로 있지 않을까? LG의 생활맞춤 가전 컨설팅 역시 1인 가구가 그 주된 타깃이 되겠다.

1인 소비 시대엔 구매대행이 대세다

1인 소비가 일반화되면서 공연, 파티 및 전시, 강연 문화가 활성화될 것이다. 타인과의 만남을 각종 이벤트에서 찾으려는 욕구가 더 강해질 것이기 때문이다. 그래서 이런 행사의 무대 설치나 진행을 담당하는 업종 역시 각광받을 것이다. 자동차 딜러의 경우, 이젠 특정 브랜드 차량을 판매하는 것이 아니라, 개별 고객을 위한 생애 맞춤 차량 구매(또는 렌털) 대행 서비스를 제공하는 방향으로 전환될 것이다.

#41

기록한 만큼 기억하고 기억한 만큼 개선한다

기름가자미잡이 선장의 수첩

포항 구룡포항에서 동해 바다로 한 시간 정도 나아가면 깊은 해저에 납작 붙어 사는 기름가자미가 있다. 이 물고기는 수심 100미터 심해에 사는데, 어군탐지기로도 찾을 수가 없다. 오로지 선장의 수십 년 경험을 기록한 수첩에만 의존해 찾을 수 있다. 선장에게 이 수첩은 무엇과도 바꿀 수 없는 보물 1호다. 말 그대로 '적자생존(적어야 생존한다)'인 것이다. 장수하는 가게의 사장에게 기록만큼 중요한 건 없다. 둔필승총(鈍筆勝聰, 둔한 필기가 총명한 머리를 이긴다)이라는 말도 있지 않은가? 그냥 상대방의 이야기를 들을 때는 몰랐던 의도가, 적어놓고 다시 볼 때 그 의미가 드러나는 경우도 적지 않다. 피터 드러커가 말한 것처럼 '소통에서 가장 중요한 건 상대가 말하지 않은 의도를 듣는 것'인데, 이를 위해 가장 효과적인 방법이 메모다. 더구나 '20년 가려면 내 몸안에 나를 정확히 이끄는 나침반이 작동해야 한다'고 했는데, 이를 위해 필요한 것도 기록인 것이다.

기록은 나 자신과 대화하는 가장 효과적인 방법

기록에는 네 가지 요소가 있다. ①시간 ②내용 ③주석 ④삭제다. ①기억이 사라지기 전에, ②나만 알아볼 수 있는 간결한 언어로, ③내 생각을 주석으로 달되, ④기록의 가치를 잃는 순간 지워버릴 수 있어야 한다. 이를 위해선 언제 어디서든 기록 가능한 도구를 항상 휴대하고 있어야 한다. 나는 스마트폰, 다이어리, 포스트잇 세 가지 중 두 가지는 항상 휴대하려 노력한다. 생각을 정리하는 가장 좋은 방법이 기록인 이유는, 나의 머릿속 생각을 필기라는 운동에너지로 전환하고 그것이 기록된 종이와 내가 일대일로 대화할 수 있기 때문이다. 가장 중요한 기록은, 변해가는 내 모습을 기록하는 것이다—매년 같은 시점, 같은 장소에서 내 모습을 사진으로 찍어라. 변해가는 내 모습을 보며 느끼는 것이 한둘이 아닐 것이다. 내 얼굴에 내 사업의 모든 것이 다 드러나 있다.

기록한 만큼 보게 된다

창업, 세 가지만 지키면 된다. 동일한 품질, 납기, 결제일이다. 이 세 가지 모두 숫자(날짜)다. "난 복잡한 건 싫어. 그냥 영업만 할래" 하는 사람이 있다면 창업은 그만둬라. 사업의 본질은 숫자다. 본질을 외면하면 안 된다. 숫자에 충실하기 위해선 결국 기록밖에 없다. 기록 안 한 건 잊어버리게 되어 있다. 내가 기록한 만큼 한번 더 보게 되는 것이다. 그래서 기록이 품질이요 납기이며 결제일이다.

기록만 잘해도 고객 불만의 절반은 사라진다

고객에게 제공할 수 있는 최고의 서비스 역시 기록이다. 고객의 말을 세심히 기록하고 그도 기억하지 못하는 그의 말을 다시 재생시켜주는 것만큼 큰 감동은 없다. 고객의 불만을 꼼꼼히 기록하는 모습만으로도 고객 불만의 절반은 사라진다.

고객이 다시 말해주기 거북한 개인정보는 한번으로 끝내야 한다. 나는 제일 싫어하는 일이 키 재는 거다(키가 작아서 그렇다). 우리집 앞의 한의원, 침 맞으러 갈 때마다 키를 잰다. 그 사이에 더 크지도 않았을 텐데, 왜 갈 때마다 키를 재는지 모르겠다. 제발 기억 좀, 기록 좀 해줬으면 좋겠다.

프로야구 감독처럼 기록하라

　제품의 재구매 간격이 긴 아이템—대표적으로 계절 용품—일수록 고객을 기억하기 어렵고, 그래서 그에 대한 더욱 세심한 기록이 필요하다. 기록한 만큼 그를 단골로 만들기도 용이하다. 비수기 때 얼마나 그를 기억해주느냐에 따라 단골이 될지 여부가 판가름나는 것이다. 그래서 성수기 때 매출은 비수기 때 결정된다.

　협력 업체나 직원과의 관계에서도 기록은 중요하다. 소리만 질러대고 돌아서면 잊어버리는 고객이나 보스는 별로 무섭지 않다. 그냥 미친개에게 한번 물린 거다. 근데, 꼼꼼히 하나하나 기록하는 고객이나 보스는 좀 무섭다. 프로야구 감독들, 선수들의 일거수일투족 얼마나 꼼꼼히 기록하는지 아는가. 대한민국 열 개 구단의 프로야구 감독 그냥 하는 거 아니다.

#42

극복해야 할 고객이라면 우회해선 안 된다

최선의 고객과 최악의 고객

세상의 고객은 넷으로 나뉜다. Ⓐ편하며 좋은 고객, Ⓑ편하지만 나쁜 고객, Ⓒ불편하지만 좋은 고객, Ⓓ불편하면서 나쁜 고객이다. Ⓐ는 궁합도 잘 맞고 수익에도 도움이 되는 고객이다. Ⓑ는 궁합은 잘 맞는데 도움은 안 되는 고객이다. Ⓒ는 궁합은 안 맞지만 수익에는 도움이 되는 고객이다. Ⓓ는 궁합도 안 맞고 도움도 안 되는 고객이다. 비중(%)으로 보자면 Ⓐ10%, Ⓑ30% Ⓒ50% Ⓓ10%가 아닐까? Ⓐ는 최고다. 그냥 마음가는 대로 하면 된다. 이런 고객만 있으면 좋겠는데 안타깝게도 10%밖에 안된다. 이들만 가지고는 먹고살 수 없다. Ⓓ는 최악이다. 이 역시 마음

가는 대로 하면 된다. 10%밖에 안되니 얼마나 다행인가.

고객은 내 모습을 꼭 닮았다

이제 사업의 운명을 결정하는 갈림길이 나오는데 ⑧를 선택하느냐 ⓒ를 선택하느냐. 본능적으로는 ⑧로 쏠리는데, 이는 망하는 길이다. ⑧는 나의 나쁜 점을 그대로 **빼닮은** 거울이다. 내가 술 좋아하면 술 좋아하는 고객으로 다가오고, 골프 좋아하면 골프 좋아하는 고객으로, 여자 좋아하면 여자 좋아하는 고객으로, 뒷돈 좋아하면 뒷돈 좋아하는 고객으로 다가온다. 이런 고객들, 정말 죽이 딱딱 맞고 평생 갈 것 같지만 오래 가지도, 좋게 끝나는 경우도 못 봤다. 그래도 우리는 ⑧와 어울리며 이런 저런 핑계를 댄다. "대한민국에서 접대 없이 어떻게 영업하냐?"는 것이다. 근데 접대 없이도 건실하게 사업 잘하는 사장들 셀 수 없이 많다. 술 한잔 안 마시고 골프채 한번 잡아본 적 없이 말이다. 내가 술 끊으면 술 좋아하는 고객은 끊기지만 깐깐한 고객이 대신 생긴다. 내가 뒷돈 안 주면 뒷돈 좋아하는 고객은 끊기지만 철저한 고객이 대신 생긴다. 이런 깐깐하고 철저한 고객들이 하나둘 늘어갈 때, 나는 ⓒ의 길로 가게 된다.

설익은 제품에 뜸을 들여주는 고객

ⓒ야말로 진짜 고객이다. 처음엔 불편하지만 두고두고 몸에 좋은 고객이다. 이들은 나를 20년 생존으로 이끌 실마리 같은 고객이다. 창업 초기 엉키고 설킨 실타래 같은 사업을 풀어나가게 해주는 고마운 존재다. ⓒ는 불평만 늘어놓고 정신만 쏙 빼놓는 그런 고객이 아니다. 이들은 반드시 넘어야 하는 문지방과 같은 고객이다. 처음엔 살까 말까 간만 보고 뜸만 들인다. 하지만, 이들이야말로 설익은 내 제품에 뜸을 들여주는 압력솥 같은 고객이다. 이들은 내 제품에 대해 이래라저래라 하지 않는다. 물어봐도 잘 알려주지도 않는다. 그냥 나로 하여금 참고 인내하게 할 뿐이다. 어차피 내 제품의 문제는 내가 제일 잘 안다. 내가 외면하고 있을 뿐이다. 뜸을 들이는 기간이란 내가 회피했던 바로 그 문제와 대면하는 시간이다. 뜸이 다 들었다 싶으면 그때부터 그들은 구매하기 시작한다. 그제서야 제품은 시장에서도 팔리기 시작한다.

저가 경쟁은 결국엔 지는 게임이다

ⓒ를 구별해내기는 참 어렵다. 그냥 느낌이 오는 고객이다. 놓치면 안될 것 같은, 자꾸만 눈이 가는 고객이다. 이들은 내 제품의 수준을 높이

고 저마진의 사업 구조를 고마진으로 바꾸는 데 결정적인 역할을 한다. 수출을 생각한다면 까다로운 국가부터 뚫어라. 독일, 영국, 일본 같은 나라들 말이다. 이들 나라의 공통점은 첫 구매하는 시점까지는 질질 시간을 끌지만, 일단 구매하기 시작하면 가격을 보장해주고 쉽게 거래선을 바꾸지 않는다. 반면, 수출이 쉬운 나라는 '무난한 품질에 최저가'면 된다. 근데 쉬운 수출에 길들여지면 까다로운 국가로의 수출은 불가능에 가깝다. 쉬운 곳, 저가 경쟁에 맛들이기 시작하면 결국엔 지는 게임을 할 수밖에 없다. 장수하려면 고품질 고마진의 사업 구조를 처음부터 가져가야한다. 문지방이 높아도 넘어야 하는 고객이라면 극복해야 한다. 아무리 뜸을 들인다고 해도 말이다.

#43

익숙해지는 데
5년 걸려야 20년 간다

익숙해지지 않을수록 장수한다

내가 빨리 익숙해지는 일은, 남들도 빨리 익숙해진다. 그런 일은 아무리 열심히 해도 돈 벌기가 힘들다. 남들도 다 할 수 있기 때문이다. 익숙해지는 데 오래 걸려야, 업력이 쌓일수록 그 일은 더욱 견고해진다. 고층벽 청소 30년 경력의 밧줄 타기 달인, "이 일은 수십 년 해도 익숙해지지 않아요. 여전히 밑을 내려다보면 무서워요. 그래서 작업 전날엔 미역국 안 먹죠."— 이런 일이 장수 업종이다. 아무리 해도 익숙해지지 않아야 경험이 더욱 중요해지고, 후발주자가 따라잡으려 해도 한번 더 경험한 노장과는 격차가 날 수밖에 없다. 하긴, 남들이 쉽게 익숙해지는 일로 어떻게 20년 해먹겠는가?

정해진 시간 내 반드시 해내야 하는 일

익숙해지는 데 오래 걸리는 일들은 처음엔 노력해도 티도 안 난다. 도대체 언제 이 일에 익숙해질지 가늠도 안 된다. "이번이 정말 마지막이다." 포기하기 직전에야 한 단계 올라간다. 그리고 또 고통의 정체기를 한참 거친 후 한 단계 더 올라간다. 이걸 못 참고 중도에 포기하는 사람들이 열에 아홉이다. 그렇게 몇 단계 오르다보면 눈덩이처럼 실력이 쌓이기 시작한다. 이쯤 돼야 달인의 경지에 오른다. 사실 달인의 내공은 평소엔 잘 드러나지 않는다. 하지만, 긴급한 순간에 범인凡人과는 확연히 구별되는 초인적 극복 능력을 보여준다. 이건 학위도 자격증도 아니다. 오로지 오랜 기간 몸으로 체득한 내공이다. 그래서 짧은 시간 내에 처리해야만 생존이 가능한 일이 달인에게는 최적의 업이다. 고객은 대책 없이 기다릴 수밖에 없는 자동차 수리가 바로 그런 업이다. 차 없으면 아무 일도 못하는 현대인에게 차 수리 시간은 곧 업무 시간이다. 자동차 정비 명장의 말씀, "모르면 3시간 걸리고 알면 3초 걸린다." 3초를 위해 30년을 공부하는 것이다. 구두닦이 역시 시간과의 싸움이다. 회사 건물에 입주한 구두닦이는, 고객의 점심시간을 이용해 최대한 빨리 닦고 구두를 원위치시켜놔야 한다. 그들은 수백 켤레의 구두가 무슨 부서, 누구의 것인지 단박에 안다. 한우는 해동되는 순간부터 숙성이 진행되므로 얼마나 빨리 발골

拔骨 처리하느냐가 제품의 등급을 결정한다. 그래서 전문 발골사의 경우 최소 10년 이상의 훈련이 필요한 것이다. 시간 내 반드시 해치워야 하는 일, 그것이 달인의 일이요 장수 업종이다.

5년은 최소한의 훈련기간이다

그렇다면 왜 익숙해지는 데 5년일까? 5년 중 1년은 아무 생각 없이 배우는 데, 1년은 아무 생각 없이 외우는 데, 1년은 아무 생각 없이 몸에 익히는 데, 1년은 3년간 해온 일들을 머리로 해석하는 데, 그리고 마지막 1년은 응용을 시도하는 데 걸린다. 5년은 한 가지 일을 익히는 최소한의 기간인 것이다. 이 기간을 채우면, 먼저 영업이 좀 보이기 시작한다. 무엇이 내 제품의 차별 포인트인지 꿰뚫게 되는 것이다. 그리고, 제품에 '내'가 들어가기 시작한다. 제품에 나만의 독특함이 보이기 시작한다. 이젠 새로 뭔가를 만들어놓으면 알아서 고객들이 사 가기 시작한다. 또한, 외로움에 익숙해진다. 그리고 힘들지만 반드시 해야 하는 결정을 하는 데 두려움이 없어진다. 욕먹을 각오 안 하면 20년 갈 수 없다.

수만 독讀을 해야 소리집이 만들어진다

일에 익숙해지면, 회사가 가벼워진다. 비싼 새 장비 대신, 싼 중고 장비로 같은 일을 해낼 수 있으니 자산을 늘릴 필요도 부채를 질 필요도 없다. 익숙해진 만큼 사업의 본질도 꿰뚫을 수 있다. 자신이 하는 사업의 본질이 뭔지를 제대로 아는 사장은 의외로 드물다. 내 사업에 '내 집'을 지을 때 사업의 본질을 깨닫게 된다. 최고의 명창 안숙선 선생은 지금도 하루 2시간씩 연습을 한다. "수만 독을 해야 소리집이 만들어진다"고 한다. 이 소리집이 바로 내 일에 지을 '내 집'인 것이다.

#44

양산해서는 판로가 없고 수작업으로는 엄두가 안 나는 업종

자동화는 만병통치약이 아니다

우리는 '수작업'이라 하면 '구닥다리 방식', '자동화'라 하면 '첨단 방식'이라는 고정관념을 갖고 있다. 자동화를 하지 않으면 당장이라도 시장에서 퇴출당할 것 같다. 회사를 홍보하는 동영상엔 '자동화 라인'만 나오고, '수작업 라인'은 일부러 감춘다. 하지만, 독일 아디다스adidas의 CEO 카스퍼 로스테드Kasper Rorsted는 최근 파이낸셜타임즈와의 인터뷰에서 "완전 자동화는 환상에 불과하다. 신발끈 묶는 것조차 로봇은 사람의 손을 따라가지 못한다. 완전 자동화되려면 아직도 10년 이상은 걸릴 것이다"라고 단언했다. 또한 영국의 일간지 가디언은 로봇에 의해 자동화가 진행될수록 인간의 능력은 퇴화한다고 경고했다. 로봇에게 반복적인 일을 맡기고 인간은 창의적인 일을 하려던 의도와는 반대로, 자동화 시대의 인간은 오히려 더욱 구태의연해지고 위기에 대처하는 능력이 떨어진다고 지적했다. 자동화가 인간의 창의성을 되레 위축시킨다는 '자동화의 역설Paradox of Automation'을 주장한 것이다. 자동화가 사람의 일자리를 빼앗는다고 우리는 알고 있지만 실제 미국 노동시장의 흐름은 정반대다. 로봇에 의한 노동 대체가 일단락되면서 '돈 되는 자동화' 분야가 이젠 거의 남지 않았다. 미국의 실업률이 사상 최저치를 보이는 이유는 로봇으로 대체된 일자리가 예상보다 많지 않기 때문이다.

무난한 양산 제품은 무난히 외면당한다

이들 사례를 인용하지 않더라도, 자동화의 한계에 대해선 제조를 제대로 해본 사람이라면 누구나 인정한다. 자동화는 만병통치약이 아니다. 자동화는 초기 도입의 기술적 어려움과 대규모 투자 비용의 문제는 차치하더라도, 자동화시스템을 안정시키기 위해서는 지속적인 양산이 필수적이다. 양산을 멈추는 순간 자동화 설비는 급격히 노화하기 때문이다. 그런데 문제는, 우리 경제가 대량으로 물건만 찍어놓으면 팔려 나가던 호시절이 지났다는 점이다. 내수시장은 물론 해외시장에서도 우리의 자동화 양산 제품 — 무난한 가격에 무난한 품질 — 은 고객에게 무난히 외면당하는 시대에 살고 있다. 이제 무난한 수준의 저렴한 제품들은 중국이나 동남아, 인도의 몫이며, 해외 자본도 이런 젊은 생산 거점으로 집중되고 있다. 이제 대한민국엔, 자동화를 위한 자본도, 자동화를 통해 양산된 제품을 팔 시장도 모두 사라졌다. 성장이 멈춘 시장에서의 자동화 양산 설비는 바퀴 없는 자전거와 같다. 급성장하는 시장에선 씽씽 달리지만 성장이 멈춘 순간부터는 등에 짊어지고 가야 할 짐짝에 불과한 것이다.

수작업으로 돌아가자는 얘기는 아니다

고부가가치의 소량 제품 생산에 적합한 자동화 장비를 개발하는 것, 이것도 말처럼 쉽지는 않다. 아무리 로봇이 터미네이터만큼 발전하고 AI가 알파고 이상의 두뇌를 갖추며 소비자의 개별 수요를 개별 제품으로 구현할 수 있는 첨단화된 센서와 소프트웨어가 발전한다 하더라도 '복합 노동' 분야에선 기계가 사람을 당해낼 수가 없다. 그렇다고 수작업 시대로 돌아가자는 말은 아니다. 기계를 최대한 활용하되 자동화만으로는 답이 안 나오는, 사람의 터치가 들어가야 하는 제품, 매뉴얼화할 수도 수치화하기도 힘든 아날로그 제품, 공정 마무리나 최종 검수에 사람의 감각을 거쳐야 출하 가능한 그런 제품을 만들자는 것이다.

아직도 자동화만 고집해?

제조 단위는 최소화해야 하고 거기엔 '사람'이 들어가야 한다. 사람의 근육과 감각, 두뇌의 반복된 훈련을 통해 인간과 기계의 최적화된 조합을 찾아야 한다. 이런 조합만이 다품종소량생산에서 제조 비용을 최소화할 수 있고, 그래야만 대한민국 제조업은 고부가가치의 선진국형 구조로 재편될 수 있는 것이다. 그럼 대규모 양산 물량은 어디에서 처리해야 할까? 이제 이런 물량은 우리의 몫이 아니다. 중국, 베트남, 인도의 몫이다. 우리에겐 작은 것이 아름답다. 다시 사람의 노동이 재평가받는 시대가 올 것이다. 할아버지 때부터 해오던 생산 비법, 버리지 마라. 그들을 다시 되살려야 생존하는 시대가 올 것이다. '수작업'에 대한 개념도 리셋Reset해야 한다. 자동화에 대한 맹신도 버려야 한다. "아직도 자동화 안 했어?"가 아니라 "아직도 자동화만 고집해?"라고 묻는 시대가 될 것이다.

수작업임을 자랑하라

독일의 최고 프리미엄 공기청정기 브랜드인 나노드론Nanodron의 웹사이트에 가보면, 제조국이 독일이라는 점과 함께 전체 공정의 절반을 수작업으로 처리한다는 점을 자랑스럽게 광고한다. 이젠 가전제품도 수작업의 비중이 높을수록 명품으로 인정받는 시대가 왔다. 일반 공기청정기에 비해 최소 5배 높은 가격에 팔리는 나노드론, 우리도 한번 해볼 만하지 않은가? 국제기능올림픽에 나갔다 하면 우승하는 제조 DNA를 가진 우리 대한민국 국민이라면 말이다.

#45

수익은 내가 기다린 기간만큼 보상한다

좋은 직업은 최소 10년 걸린다

한국고용정보원이 조사한 직업만족도 상위 10개 직군을 보면 ①판사 ②도선사 ③목사 ④대학 총장 ⑤전기 감리 기술사 ⑥초등학교 교장 ⑦한의사 ⑧교수 ⑨원자력공학 기술자 ⑩세무사 순이다. 이중 해당 업종에 최소 10년 이상의 경력을 필요로 하는 직업이 ①②④⑤⑥의 5가지이고, 필요 학위를 취득하는 데 소요되는 기간이 학부 포함 10년 이상인 직업이 ⑦⑧⑨의 3가지이며, 경쟁이 심해 자격 획득 기간 포함 10년 내 자립하기 어려운 직업이 ③⑩의 2가지다. 결국 만족도 10위 내 직업들 모두 최소 10년 이상의 투자가 필요한 것이다. 좋은 것일수록 그것을 얻기 위해선 인내가 필요하다. 대신 오래 기다릴수록 그 수익 역시 오래 간다. 누군가는 "오래 걸리는 만큼 내가 좋아하는 걸 해야 한다"고 하는데 이는 말장난에 불과하다. 세상에 즐기면서 오래할 수 있는 일은 없다. 즐기는 것처럼 보이는 이면에는 예외 없이 고통과 인내가 따르기 때문이다. 앞선 직업만족도 조사를 보면 모두가 부러워하는 검사, 변호사, 의사가 없는 것이 인상적이다. 이들 직업들은 20위권 내에도 들어 있지 않았다. 세상이 부러워하는 만큼이나 당사자들은 그 업에 만족하지 못하는 것이다.

10년 후 창업을 생각한다면 나무를 심어라

창업을 생각하는 사람들에겐 공통된 딜레마가 있다. 직장을 그만두고 창업하자니 수익이 날 때까지 먹고살 길이 막막하고, 직장에 다니며 창업하자니 엄두가 안 난다. 현직을 당장 그만두진 않겠지만, 언제 잘릴지 모르니 준비는 해야겠고 머릿속이 뒤죽박죽이다. 하지만 이런 상황이 어찌 보면 창업에 있어 최고의 조건이다. 앞으로 10년을 직장에 다니며 10년 투자해야 수익이 나는 사업을 지금부터 준비한다면? 10년 후 창업하는 시점에는 이미 10년이라는 진입장벽을 뛰어넘은 상태에서 시작할 수 있다. 예를 들어 야산을 장기임대하여 10년 뒤에나 수익이 나는 호두나무나 오동나무를 지금 심는 것이다. 일년수곡 십년수목(一年樹穀 十年樹木, 1년을 계획하면 곡식을 뿌리고 10년을 계획하면 나무를 심어라)이라는 말도 있지 않은가? 최소 몇 년 이상 발효시켜야 그 제품의 가치를 평가받는 제품도, 좋은 창업 아이템이다. 반짝 홍보가 아닌 장기간의 꾸준한 입소문 마케팅만이 시장에서 통하는 아이템도 해볼 만하다. 내가 기다린 기간만큼 보상해주는 아이템이 직장을 가진 샐러리맨에겐 최선의 선택이다.

서두르지 않아도 될 때 시작하라

별안간 사직 권고를 받고 그제서야 당장 돈 벌 아이템을 찾으니 프랜차이즈 설명회나 기웃거리고 다단계 사기나 당하는 것이다. 빨리 벌고자 하면 빨리 망한다. 오늘이 바로 나의 창업 D+0이다. 당장 적은 투자금으로 시작할 수 있으면서도, 시간만이 그 제품의 가치를 꾸준히 상승시킬 수 있는 사업, 첫 몇 년은 적자가 불가피하지만 현직에서의 소득으로 커버할 수 있는 사업이 최적의 아이템이다.

플랫폼 비즈니스

요즘엔 초등학생도 선망하는 임대 사업의 한 형태로 플랫폼 비즈니스가 각광받고 있다. 시장의 공급자와 수요자들이 이곳을 거치지 않고서는 양질의 제품과 서비스를 제공하거나 제공받을 수 없는 곳을 플랫폼이라

하고, 이러한 플랫폼 구축을 통해 다양한 입점료와 통행세를 징수하는 사업을 플랫폼 비즈니스라 한다. 구글, 네이버, 쿠팡, 페이스북, 다음카카오, 소프트뱅크, 아마존, 우버 등이 대표적인 회사들인데 이들은 처음부터 플랫폼 비즈니스 구축을 목표로 창업했다는 특징이 있다. 사실 이들보다 훨씬 이전부터, 자신의 분야에서 오랜 기간 신뢰를 쌓아온 장수 기업들이 플랫폼의 역할을 담당해왔다. 플랫폼이 제대로 작동하기 위해선 양질의 정보가 모여야 하는데, 이런 양질의 정보는 결국 가장 신뢰받는 그 분야의 대표브랜드로 집중되기 때문이다. 의도하지는 않았지만 플랫폼이 된 브랜드로는 애플, 건담, 레고, 스타벅스, 미니MINI, 나이키 등이 있다. 이들은 이미 하나의 강력한 커뮤니티를 형성했고 그들이 공유하는 정보는 그 분야에서 없어서는 안 될 플랫폼이 되었다. 이런 플랫폼은 하루아침에 생긴 것이 아니다. 돈으로 뚝딱 만들 수 있는 것도 아니다. 하지만, 일단 구축된 플랫폼은 잘 허물어지지 않는다. 그래서 20년 사업을 생각한다면 아무리 작은 가게라도 그 동네의 플랫폼이 되고자 해야 한다. 오늘부터 벽돌 하나씩 튼튼하게 플랫폼을 쌓아가자.

#46

20년 20억 벌겠다는
사업에는
투자자가 없다

마라톤은 돈 주고 안 본다

육상경기 중 가장 입장료가 비싼 종목은 무엇일까? 100미터 달리기일 것이다. 그럼 가장 싼 종목은? 마라톤일 것이다. 10초 내에 끝나는 100미터가 가장 비싸고 2시간 넘게 걸리는 마라톤이 저렴하다는 것, 아이러니하지만 너무나도 합리적인 결과다. 100미터는 그 출발부터 끝까지 한눈에 다 볼 수 있고 그 결과를 10초 내에 확인할 수 있다. 이런 종목에 사람들은 흥분한다. 반대로 마라톤은 결승점을 제외한 어느 지점에서도 순위를 알 수 없다. 그렇다고 처음부터 끝까지 따라다닐 수도 없고, 영점 몇초의 치열한 순위싸움도 마라톤에서는 찾아보기 힘들다. '20년 20억'이라는 투자 종목은 마라톤과 같다. 투자자들은 '1년 내 몇십% 수익' 내지는 '2년 내 더블' 같은 100미터 종목에만 열광한다. 투자의 3요소는 수익성, 안정성, 현금성인데, 20년 20억 종목의 경우 어느 면에서 봐도 투자 포인트를 찾기 힘들다. 그래서 투자자를 구하기는 불가능에 가깝다.

창업해서는 안 되는 세 가지 부류의 사람

그렇다면 대출받기는 쉬울까? 매력적인 투자 대상이 아니니 담보가 없으면 대출도 어렵겠다. 신용대출도 있긴 하지만, 직장에 다닐 때나 가능하지, 일단 퇴사하면 이 역시 쉬운 일이 아니다. 게다가 신용등급이 6등급 이하라면 한두 번의 연체로 바로 신용불량자가 되기 십상이다. 말이 나온 김에 한 가지, 창업을 해서는 안 되는 세 가지 부류가 있다. 어느 하나에라도 해당된다면 창업해서는 안 된다. 첫째, 신용등급 6등급 이하다. 이유는 이미 말했다. 연체 몇 번에 신용불량자가 되기 때문이다. 둘째, 중독이다. 중독 중에도 술, 여자, 도박 중독은 100% 망한다. 시간문제다. 셋째, 질병이다. 창업 후 BEP를 달성하기 위해서는 제품의 일관성과 납기를 지켜야 한다. 이를 위해선 협력업체와 맨날 싸우고 날밤 지새우며 몸으로 때워야 하는데, 육체적, 정신적 건강이 담보되지 않고서는 쉽지 않다.

돈만 없을 때 성공 가능성이 가장 높다

'20년 20억'이라는 종목은 외부 투자자를 모집할 수도 없고, 모집해서도 안 된다. 만일 투자자를 모집할 수 있었다면 둘 중 하나다. 투자자가 눈이 멀었거나, 투자받으려고 사업을 부풀렸거나. 사기란 특별한 게 아니다. 이것이 사기다. 혹 "일단 급하니 투자부터 어떻게든 받고 그다음부터 착실히 사업해서 20년간 갚아나가면 되는 거 아닌가?" 하는 사람이 있을지도 모르겠는데, 그런 해피엔딩은 없다. 결국 투자자들 등쌀에 사업이 산으로 강으로 끌려다니다 폐업하게 되는 경우가 부지기수다. 외부 투자를 받지 못한다는 것이 처음엔 핸디캡으로 보이겠지만, 시간이 갈수록 얼마나 큰 장점인지 모른다. 마라토너에게 100미터 달리기를 바라는 투자자들이 많아질수록 그의 완주 가능성은 낮아지는 것이다. 그래서, 돈만 있을 때 성공 가능성이 가장 낮고 돈만 없을 때 성공 가능성이 가장 높은 것이다.

시간을 녹슬게 하는 식물

"당장 생계가 막막한데 한 우물만 팔 수는 없지 않느냐?"고 묻는 사람도 있겠다. 지구상 가장 강한 생존력을 지닌 지의류地衣類라는 식물이 있다. 남극부터 사막에까지 존재하는데, 이끼 같지만 이끼는 아닌 '녹색의 곰팡이'다. 이들은 보통 땐 곰팡이로 살아가지만 영양소를 섭취할 대상이 없을 땐 스스로 광합성을 한다. 환경에 따라 어떤 땐 곰팡이, 어떤 땐 광합성으로 살아가는 이들은 100년에 2센티미터씩 지겹도록 느리게 자란다. 그래서 '시간을 녹슬게 하는 식물'이라 불린다. 우리는 지의류와 같이 두 가지의 영양섭취 메커니즘을 가져야 한다. 수익이 날 때까지 겸업을 통해 '시간을 녹슬게 하며' 기다려야 한다. 짧으면 1년에서 길면 5년까지 생각하면 되겠다. 물론 그 겸업은 내 사업에 도움이 되는 일이라면 더욱 좋겠다. 예를 들어, 식당을 한다면 그 동네의 음식 배달 알바, IT 업종에 있다면 IT 관련 번역이나 강사일 등이 그것이다.

한 우물은 사다리 타기다

한눈에 반한 사업일수록 그 사업에 대한 싫증도 빠르다. 서서히 뜨거워져야 서서히 식는다. 진가를 아는 데 오래 걸릴수록 그 수명은 오래간다. 그래서 20년 사업은 '시간을 녹슬게 하는' 싸움이다. 우리 모두는 각자 다른 사다리 타기를 하고 있다. 타다가 아니면 그다음, 그것도 아니면 그다음, 이렇게 하나씩 사다리를 지워가며 결국 나에게 맞는 최적의 사다리를 찾아가는 것이다. 한 우물이란 결국 무수히 많은 사다리를 타는 것이다. 누구는 한번에 최적의 사다리를 찾기도 한다. 하지만, 아무리 그를 부러워하며 따라 해봐야 소용없다. 똑같아 보이는 사다리도 작대기 하나

차이로 전혀 다른 결과를 맞닥뜨리기 때문이다. 직접 연필을 들고 내 손으로 사다리 하나하나를 다 타봐야 안다. 눈으로 대충 '이거다' 어림잡으면 100% 틀린다. 그것이 한 우물이다.

#47

실업자가
급증할 업종

죽음이 가득한 곳이 최적의 장소다

20년 한 우물을 결심한 우리에게, 창업은 움직일 수 없는 나무다. 먹이를 찾아 어디든 돌아다닐 수 있는 동물과 달리, 나무는 빼도 박도 못하고 한곳에 뿌리를 박고 생사의 승부를 걸어야 한다. 뿌리박은 그곳이 너무 척박해도 살 수가 없고, 반대로 너무 기름져 큰 나무들이 빽빽하게 들어차 있어도 살 수가 없다. 그래서 나무가 자라는 데 최적의 장소는 산불이 한번 휩쓸고 지나간 자리다. 아이러니하게도, 죽음의 기운이 가득찬 그 땅이 자양분은 충분하면서도 큰 나무들은 다 사라진, 가장 생명력이 넘치는 곳이다. 그런 곳에 뿌리박은 나무가 장수할 수 있다. 창업을 위한 최적의 장소이기 때문이다. 반대로, 죽지도 썩지도 않은 좀비들만 득실대는 업종은 창업을 하기에 최악의 장소다. 하루가 멀다 하고 폐업한 숫자만큼 새로 쏟아져나오는 가맹점사업이야말로 좀비가 득실대는 대표적 업종이라 하겠다. 번 돈으로 대출이자도 갚지 못하는 한계기업들이 갖가지 정책적 명분하에 국가와 은행의 재정지원으로 연명하며 오히려 덤핑 가격으로 시장을 흐리는 몇몇 업종 역시 창업에는 최악의 환경이다. 월스트리트저널의 오래된 기사다. '노키아의 몰락이, 축적된 그들의 기술 노하우에의 자유로운 접근과 세계 최고 수준의 20년 경력 기술 인력 채용을 가능케 함으로써 핀란드 벤처생태계의 생명력을 가져왔다.' 이렇게 죽음은 또다른 생명을 낳는 법이다.

간절한 만큼 작품이 나온다

창업에 필요한 자양분 중에 가장 중요한 것은 역시 사람이다. 그냥 사람이 아니라 잘 죽고 썩어진 사람들이다. 이들은 회사에서 정리된 간절한 사람들이다. 엊그제까지 친구처럼 지내던 동료들에게 눈치 받고 왕따 당하며 결국 사표를 낼 수밖에 없었던 아픔을 생생히 기억하는 사람들이다. 그들이야말로 삶의 바닥이 무엇인지 안다. 그들로부터 독창적 아이디어가 나오고 최고의 제품이 나오며 감동을 주는 영업이 나오는 경우를 우리는 수도 없이 목격한다. 내 경우에도 자금 압박과 빚 독촉, 회사에 혼자 남은 최대 고난의 순간에 "이게 마지막이다" 하며 개발했던 제품이

10년이 지난 지금도 가장 많이 팔린다. 열 손가락 깨물어 안 아픈 손가락 없다지만 여전히 그 제품에 가장 애착이 간다. 또 애착 가는 순서대로 많이 팔리더라.

배부른 곳에 창업하면 고사枯死한다

그래서 폐업하는 업체들이 많고 실업자가 급증하는 지역과 업종을 주목하는 건 최고의 창업 기회를 찾는 길이다. 누구나 피하려는 지역과 업종, 그곳에 감춰진 보석이 있을지도 모른다. 지금 잘나가는 업종, 배부른 사람들은 크게 한 방만 바란다. 몸값에도 잔뜩 거품이 끼어 있다. 이런 곳에서 창업하면 바로 고사한다. 최근 어려운 조선업, 그곳에 있던 세계 최고 수준의 용접, 표면처리, 잠수 산업 전문가들이 일이 없어 쏟아져나왔다. 지구상 어느 곳에서 이런 최고의 기술 인력들을 구할 수 있겠는가?

직업엔 귀천 있고 창업엔 귀천 없다

나는 직업에 귀천이 없다는 말을 믿지 않는다. 직업엔 확실히 귀천이 있더라. 직업뿐만 아니라 회사에도 귀천이 있다. 그래서 젊은이들이 시급 6,500원 주는 브랜드 커피전문점에서 일하지, 월급 300만 원 줘도 3D

업종은 거들떠보지도 않는 것이다. 돈이 문제가 아니다. 천하게 인식되는 업종이 싫은 것이다. 그건 젊은이들의 잘못이 아니다. 세상 누가 무시받는 직종에서 일하고 싶겠는가?

직업엔 귀천이 있지만, 창업에는 귀천이 없다. 내 일이라면 천한 일이 없다. 처음만 좀 어색하지 그 고비만 넘기면 무슨 일을 하든 떳떳하다. 앞서도 계속 강조했지만, 이젠 복합노동인 3D 업종이 최고의 창업 아이템이 되었다. 근데 이를 위해선 먼저 일을 배워야 한다. 천한 일자리에서 욕먹어가며 깨져야 한다. 일단 스스로 천해져야 창업을 해도 제대로 할 수 있다. 이는 젊은이들에게만 해당되는 이야기는 아니다. 창업에 필요하다면 정말 천한 일자리도 마다하지 않아야 한다. 샐러리맨들 중 자신의 직장에 만족하는 사람은 6%에 불과하다고 한다. 어차피 이래도 불만 저래도 불만인데 남들이 천하게 보면 어떻고, 밑바닥이면 어떤가? 무엇이 됐건 제대로 일을 배우는 게 더 낫지 않은가? 계산기는 20년 뒤에 두드리면 그만이다.

#48

이쯤 되면 포기하라

나이키의 골프 장비 사업 포기

아무리 노력해도 잘할 수 없다면, 그 일은 포기하는 게 맞다. 대표적 사례가 2016년 가을 나이키의 골프 장비(클럽) 사업 포기다. 그들이 포기한 이유는 알려진 것처럼, 골프 시장이 위축되어서도 그들의 광고모델인 타이거 우즈의 몰락 때문도 아니다. 골프화와 의류의 매출은 여전히 증가 추세고, 차세대 스타인 로리 맥길로이와의 광고 계약도 체결한 상황이었다. 그들이 장비 사업을 포기한 이유는 오직 하나, '잘 만들 수 없어서'였다. 아무리 충성심 높은 고객들이 있어도 최고를 만들 수 없다면 접는 게 맞다는 판단에서였다. 합리적인 포기 이유다. 포기하는 게 맞다.

가장 어려운 결정

창업 20년, 가장 어려운 결정은 폐업이다. 업력이 짧으면 짧은 대로, 길면 긴 대로 폐업은 너무 아깝다. 더 버티는 게 맞는 건지, 버티는 건 내고집일 뿐인 건지 판단이 안 선다. 누구에게 물어볼 수도 누가 답을 줄수도 없다. 사장 외에는 아무도 결정할 수 없다. 뭉개고 있자니 시간만흐르고 돈만 새나간다. 하지만, 최소한 다음 다섯 가지 경우라면 아직 포기하기엔 이르다.

포기하기 이른 때

첫째, 불황의 때다. 불황 자체는 포기할 때가 아니다. 불황의 때를 견딘다는 건 정말 어렵다. 아마도 사장에게 가장 고통스러운 시간은 하루종일 손님 없이 파리만 날리는 때일 거다. 하지만, 불황은 누구에게나 닥친 불행이다. 나보다 경쟁자가 더 잘 견디는 것 같다고? 표정관리만 그렇게 하고 있을 뿐이다. 그도 나만큼 힘들다. 불황의 때에는 겸업을 생각할지언정, 폐업할 때는 아니다.

둘째, 가격에서 밀려 고객이 떨어져나갈 때다. 하지만, 비싼 줄 알면서도 나를 찾는 단골이 한 명이라도 남아 있다면 그 싸움은 해볼 만하다.

경쟁자가 비용을 낮출 획기적인 뭔가가 없는 이상, 가격을 낮춘 만큼 제품의 품질 역시 하락하게 되어 있다. 조금만 견디자.

셋째, 경쟁자들이 퇴출되는 때다. 더는 견디지 못하고 시장에서 하나둘씩 나가떨어질 때, 나도 죽는 거 아닌가 두렵기도 하지만 오히려 기회의 때다. 조금만 더 참자.

넷째, 뜨거웠던 시장이 갑자기 냉각될 때다. 시장이 급랭한 데에는 여러 이유가 있겠지만, 일단 참고 견디다보면 예전의 뜨거움까지는 아니더라도 미적지근한 시장으로는 반드시 회복된다. 이때부터가 진검승부다. 미적지근한 시장일수록 안정적으로 한 우물 파기가 오히려 수월하기 때문이다.

다섯째, 기술 변혁의 때다. 나의 기술이 신기술로 곧 대체될 것 같은 때다. 세상이 하루아침에 개벽할 것 같지만, 천만의 말씀이다. 신기술로 완전히 대체되는 데는 최소 한 세대 이상 걸린다.

포기해야 할 때

반면, 다음 다섯 가지 경우엔 포기하는 게 맞겠다.

첫째, 협력 회사들이 떨어져나가고 직원들이 이탈할 때다. 다시 협력회사를 구하고 직원을 채용해도 그들 역시 얼마 못 가 그만둔다면, 뭔가 잘못돼도 단단히 잘못된 것이다. 사장이 그 이유를 도저히 모르겠다면 그는 자격미달이다.

둘째, 누구도 나에게 싫은 소리를 하지 않을 때다. 제대로 된 조언을 해주는 사람이 주위에 한 명도 없다면 둘 중 하나다. 이미 조언을 해주기에 늦었거나, 조언을 해주어도 내가 안 듣는 경우다. 어떤 경우든 접는 게 낫겠다.

셋째, 더이상 전시회를 참관하기 싫어질 때다. 내 업종의 새로운 트렌드를 보기가 싫어진다는 건 이미 사업에서 마음이 떠났다는 거다.

넷째, 사람이 다 돈으로 보일 때다. 돈에 쪼들리다보면 부모 형제 절친까지 다 돈으로 보이는 때가 온다. 사람 나고 돈 나지, 돈 나고 사람 나지 않았다.

다섯째, 은퇴 시기를 정한 때다. 내 손으로 일군 사업체는 내 자식만큼 귀하다. 내 의지로 사업을 내려놓는 건 불가능에 가깝다. 그래서 은퇴 시기를 차일피일 미루게 되는데, 은퇴 시기가 불투명한 것만큼 가업승계의 성공 확률을 낮추는 것은 없다. 그래서 승업의 제1원칙은 '떠날 땐 뒤도 돌아보지 말고 떠나라'는 것이다. 다만, 폐업을 결정할 때 한 가지 유의해야 할 점은, 일단 폐업하면 다시 그 업으로 재기하기는 불가능에 가깝다는 것이다. 마라톤을 뛰다가 힘들다고 잠시 쉬었다가 다시 뛰어서 1등 하는 선수 봤는가? 한번 쉬면 사실상 끝난 것이다.

#49

명품은 20년에
20년이 더해져야 한다

부모가 선망하는 제품이 명품이다

사람들은 그의 부모로부터 가장 인정받고 싶어한다. 부모가 선망하던 브랜드를 내가 소유함으로써 부모로부터 인정받았다는 대리만족을 얻을 수 있는 것, 그것이 바로 명품이다. 역으로, 부모들 역시 가장 존경받고 싶은 대상이 자녀들이다. 그래서 그 자녀들이 가장 선망하는 브랜드를 구매함으로써 그들로부터 존경받는다는 대리만족을 얻을 수 있는 것, 그 것 또한 명품이다.

명품은 최소 2세대가 공유해야 한다

그래서 명품은 적어도 2세대 이상 공유될 수 있어야 명품이라 부를 수 있다. 아빠가 산 것을 아들이 물려받고 싶고, 엄마가 산 것을 딸이 물려받고 싶은 그것이 명품인 것이다. 그래서 명품은 그 시대의 가장 구매력이 높은 연령층의 출생 연도 이전에 출시된 것이어야 진정한 명품이라 할 수 있다. 세계적인 명품 시계인 파텍 필립Patek Philippe, "당신은 파텍 필립을 소유할 수 없습니다. 단지, 다음 세대를 위해 보관할 뿐입니다"라는 광고 카피는 그냥 나온 문구가 아니다.

아이폰과 갤럭시는 명품일까?

누구도 애플의 아이폰, 삼성의 갤럭시를 명품이라 하지 않는다. 전 세계가 인정하는 최고의 첨단 IT 제품으로 그들의 기술적, 미적 완결성은 명품의 반열에 오르기 충분할지 모르겠지만 명품은 아닌 것이다. 명품이란 당대에서 평가받을 수 없다. 최소 2세대 이상의 평가를 거쳐야 명예의 전당에 오를 수 있다. 그래서 1953년 미국 뉴욕에서 처음으로 제작된 오디오 마란츠MARANTZ 정도는 되어야 명품이라 일컬을 수 있는 것이다. 그렇다면 20년 뒤에는 아이폰과 갤럭시가 명품의 반열에 오를 수 있을까? 글쎄다.

명품 리더십이 명품을 만든다

명품은 대기업에서 나오기 힘들다. 어떤 기업이든 조직이 커질수록 자율 모드에서 관리 모드로 전환된다. 관리의 대상은 결국 두 가지, 돈과 시간인데, 시간은 일단 관리되기 시작하면, 아무리 천천히 가려 해도 결국은 점점 빨라지게 되어 있다. 명품은 시간을 따지는 분위기에선 절대 나올 수 없다. 사장이 일정표와 시계, 달력만 보는 조직에선 명품이 나올 수 없는 것이다. 그러므로, 사장이 명품일 때 조직이 명품이 되며, 조직이 명품일 때 제품이 명품이 되는 것이다.

명품을 만들려면 최소 20년 베껴야 한다

명품을 만들려면 20년에 20년이 더해져야 한다. 처음 20년은 철저히 베끼는 시간이다. 제품을 그대로 베끼라는 말이 아니다. 재료 고르는 법부터 공정과 검수, 근무 태도, 가격결정, A/S 전략까지 일하는 모든 방법과 철학을 그대로 베끼라는 것이다. 지금은 명품브랜드가 된 많은 회사들이 창업 초기엔 기존 명품브랜드의 복원과 수리, 부품 제작 하청일로 시작한 경우가 의외로 많다. 그들은, 수많은 시간 동안 베끼고 또 베끼며 명품 DNA을 전수받은 것이다.

명품은 최고의 재료에서 나온다

　명품의 조건으로 흔히 네 가지, 일관성, 차별성, 희소성, 가치성을 든다. 이 네 가지의 공통분모는 최고의 재료다. 최고의 재료를 일관되게 쓰려다보니 그 재료가 희소할 수밖에 없고 재료가 희소하다보니 제품 역시 희소하고 가치가 높으며 차별화될 수밖에 없는 것이다. 결국 명품은 최고의 재료에서만 나온다. 예외가 없다. 최고의 재료를 일관되게 쓰는 것 하나만으로도 명품이 되기에 부족함이 없다.

#50

20년 변치 않은
명함

변치 않은 명함의 가치는 아는 사람만 안다

나는 한 달에 두세 번 안양공구상가에 들른다. 내가 찾는 가게들은
17년 전 상가 개장 때부터 있었던 곳들이 대부분인데, 들를 때마다 훔치
고 싶을 만큼 탐이 나는 게 하나 있다. 다 뭉그러진, 고무로 된 회사 명판
이 그것이다. 내 명판은 이사 오면서 새로 판 지 4년밖에 안되어 그런 빈
티지 느낌이 전혀 안 난다. 회사 명판엔 회사명, 사업자번호, 대표자 이
름, 업태와 업종, 주소가 들어가야 하는데 그중 하나만 바뀌어도 새로 파
야 한다. 명판이 다 뭉그러질 정도로 오래 썼다는 건 그 오랜 시간 동안
하나도 바뀐 게 없다는 거다. 창업자에겐 정말 훈장과도 같은 것이다. 광

주 북구에 위치한 한 중고 피아노 가게의 자랑은 '1999년부터 변하지 않은 명함'이다. 정말 이 가게 사장님께 존경의 박수를 보낸다. 변치 않는다는 것, 그것이 얼마나 소중한 가치인지 회사 업력이 길어질수록 절감하게 된다.

"운이 좋았죠"

변치 않은 명함, 이건 노력만으론 안 된다. 장수하는 업체일수록 "운이 좋았죠"라고 답하는 데는 다 이유가 있는 것이다. '20년 한 우물'은 단지 몇 문장으로 그 배경을 다 설명할 수 없다. 소설가 빅토르 위고가—"큰 실수는 굵은 밧줄처럼, 잔 실수라는 여러 겹의 섬유로 만들어진다"라고 말했듯, 하나하나의 잔 실수들을 다 트집 잡으며 20년을 엮어가야 20년을 갈 수 있는 것이다. 이런 잔 섬유와 같은 작은 실수를 찾아내려면 정말 섬세하게 디테일에 집중해야 한다. 그것도 20년을 말이다.

대한전선 vs. LS산전

"한 우물만 파야 한다"고 믿는 사람만큼이나 "한 우물만 왜 파냐?"고 묻는 사람도 많다. 전선 업계의 라이벌이었던 대한전선과 LS그룹 간의 '한 우물' 전쟁은 많은 걸 시사한다. "이제 한 우물만 파던 시대는 지났습니다. 한 우물을 파다 망한 기업도 많습니다"라고 한 대한전선은 한 우물만 파서 50년 넘게 흑자 행진을 벌였던 우리나라 대표 전선 기업이었다. 하지만 사업다각화에 실패하면서 2012년 채권단의 손으로 넘어갔고 지금은 다시 사모펀드에 인수되면서 '한 우물'로 원위치된 상태다. 반면 "우리는 전선 관련 사업체만 삽니다. 본업과 시너지가 없으면 관심 없습니다"라고 한 LS그룹은 그들 말대로 예나 지금이나 여전히 '한 우물'만 파서 세계적인 기업으로 성장하게 되었다. 미국의 전략 컨설팅 회사인 베인 앤 컴퍼니Bain & Company에 따르면 성공한 기업의 74%가 하나의 핵심사업에만 집중하고 있으며 17%가 두 개의 사업, 9%가 세 개 이상의 사업에 집중하고 있다고 한다. 성공한 기업 중 열에 여덟은 한 우물만 판 것이다.

우물 안 개구리가 되자

한 우물만 파는 게 지겹다는 사람도 있겠다. 하지만 정말 지겨운 이유는, 한 우물 때문이 아니라, 파도 파도 물이 안 나와서다. 일단 물이 콸콸 나오는 순간, 지겨움은 사라진다. 우물 벽도 다지고, 담도 쌓고, 도르래도 걸고, 두레박도 만들고 할 일이 많아진다. 지겨울 틈이 없어지는 것이다. 하지만, 한 우물이 지겹다고 다른 우물 파기 시작하면 평생 파고 파고 또 파는 인생만 살게 되는 것이다. 그것만큼 지겨운 인생은 없다. 또한, 한 우물만 파면 '우물 안 개구리'가 되는 거 아닌가 하고 걱정하는 사람도 있다. 근데 우물 안 개구리면 어떤가? 우물 밖으로 벗어나봤자 개구리가 보는 세상은 거기서 거기다. 벗어나면 얼마나 벗어나겠는가? 오히려 까치나 뱀에게 잡아먹힌다. 답답하다고 다들 우물 밖으로 뛰쳐나갈수록 나는 우물을 지키고 있어야 한다.

최고의 커피와 최고의 빵은 한 가게에서 먹을 수 없다

아무리 시장이 작아도 거기서 1등 할 수만 있다면 의미가 있다. 큰 시장에서 존재감 제로인 것보다 언제나 낫다. "한 우물만 파라"는 속담은, 지금도 가장 설득력 있는 경영 원칙이다. "여덟 가지 재주 가진 놈 빌어먹기 딱 좋다"는 속담도 여전히 유효하다. 어느 블로그에서 본 글인데 '최고의 커피와 최고의 빵은 한 가게에서 먹을 수 없다'는 말이 기억에 남는다. 커피든 빵이든 하나만 제대로 만들어도 먹고산다. 고객이 "빵은 맛있는데 커피는 왜 이래요?"라고 묻는다면, 빵이 맛있다는 칭찬으로 알아들어야지, 커피 맛없다는 뜻으로 알아들으면 안 된다. 괜히 커피에 신경쓰다가 빵 맛도 잃는다. 고객도 정 맛있는 커피를 마시고 싶다면 커피가 맛있는 집에서 마시면 그만이다. 단, 빵은 기대하면 안 된다.

실전에서 속도는 중요하지 않아

속도는 중요하지 않아

영화 〈공동경비구역 JSA〉에서 이병헌이 총 뽑는 스피드를 자랑하자, 송강호가 했던 명언, "너 사람 죽여봤어? 난 죽여봤어. 실전에서는 말이야. 속도는 중요하지 않아." 창업도 마찬가지다. "너 창업해봤어? 난 해봤어. 실전에서는 말이야. 속도는 중요하지 않아." 사업 제대로 안 해본 초보자들이나 속도 타령한다. 사업은 속도보다는 인내다. 〈토끼와 거북이〉 우화에서처럼 현실에서는 100% 거북이가 승리한다. 사업의 맛을 보려면 맛이 우러날 때까지 질근질근 씹어야 한다. 급하게 삼키면 배는 부를지 몰라도 맛은 모른다. 사업의 맛을 모르는 자가 이병헌, 아는 자가 송강호인 것이다. 맛을 모르니 급하게 삼키려고만 든다.

창업 20년 vs. 근속 20년

20년, 너무나 길다. 특히 창업 1년 차 때는 1년이 10년 같이 느껴진다. 하지만, 한 해 한 해 업력이 붙기 시작하면 1년이 1년처럼, 그러다 20년 차 즈음이면 1년이 한 달처럼 느껴진다. 점점 가속도가 붙는 것이다. 처음엔 어렵고 더디 가지만 갈수록 쉽고 빨라진다. 그러니 한 우물 파며 인내해야 한다. 이걸 못 참고 딴 우물 파기 시작하면 그때부터 다시 1년이 10년처럼 느껴진다. 창업만 어려운 게 아니다. 20년 샐러리맨으로 사는 것 역시 결코 쉬운 일이 아니다. 우리나라 대기업의 근속연수는 평균 10년밖에 안되고 가장 근속기간이 긴 기아자동차도 20년밖에 안된다. 처음 10년은 직장생활이 쉬울지 몰라도, 그다음 10년은 창업이 쉽다. 그리고 그다음 20년은? 말할 필요도 없다. 그래서 창업은 해볼 만한 것이다.

팔방미인보다 피팅모델

대한민국 경제는 테트리스 게임으로 치자면 이미 절반 이상 차오른 상태다. 큰 블록보다는 빈 공간에 핏fit한 작은 블록이 필요한 것이다. 그래서, 우리는 팔방미인이 아닌 피팅모델이 되어야 한다. 나에게 딱 맞는, 핏한 그 자리를 찾을 수만 있다면 그때부터 인생의 반전은 시작된다. 매일 불평불만에 술만 마시고 지내던 사람도 자신에게 핏한 자리를 찾는 순간부터 마음잡고 평생 한 우물만 파는 경우가 셀 수 없이 많다. 혹시 스스로를 사회부적응자라며 자책하는 분들이 있다면 그건 아직 내 자리를 못 찾은 것 뿐이다. 그 자리가 내가 바랐던 것보다 훨씬 소박하고 지질할 수는 있다. 하지만, 세상에 대단한 것 없다. 나에게 맞는 것이 가장 대단한 것이다. "노점상 새끼는 결국 돌고 돌아 노점상밖에 할 게 없다"던 노숙자가 폐자재 수거업체 사장으로 일가를 이룬 사례도 있듯, 누구에게나 반전은 있다. 정말 영화가 끝나고 자막이 올라갈 때까지 모르는 게 인생이다.

창업 14년, 감사할 일밖에 없다

나는 14년간 한 우물을 팠다. 5년 빚지고 9년 빚 갚으며 지금껏 왔다. "회생 신청을 하든 폐업을 하든 파산 신청을 하든, 사업을 정리했었어야지, 그동안 멍청하게 빚만 갚았냐?"라는 말도 많이 들었다. 하지만, 내가 창업 후 유일하게 잘한 건 포기하지 않고 14년 전의 회사 이름, 사업자번호, 전화번호를 지금까지 지켜온 것이라고 생각한다. 나는 빚 갚아온 9년이 전혀 아깝지 않다. 그런 한계상황의 경험을 통해 1인 기업을 운영하는 노하우를 몸으로 직접 배웠고 앞으로 20년 장수할 지혜도 갖게 되었기 때문이다. 사람은 바닥을 한번 쳐야 사업의 맛을 알게 되더라. 시기의 문제일 뿐 누구에게도 예외가 없다. 이미 바닥을 쳤거나 현재 바닥을 치고 있는 분이라면, 남들보다 먼저 매맞았음에 감사해야 한다. 다시 말하지만 '20년 한 우물'은 틀림없이 보상을 받는다. 그 보상은 20억일 수도 그 이상일 수도, 그 이하일 수도 있다. 중요한 건, 이 책을 쓰기 위해 많은 자료들을 수집하면서, '20년 한 우물'을 원 없이 판 사장님들 중 어떤 사장님의 입에서도 "후회한다"는 말이 단 한번도 나온 적이 없다는 사실이다. 나 역시 6년 뒤 20년을 꽉꽉 채웠을 때, "한 우물 판 것 후회 안 한다"는 말을 여러분들께 전하게 될 거라 확신한다. 독자 여러분들도 후회 없는 삶을 사시기를 진심으로 기원한다.

　끝까지 읽어주셔서 감사드린다.

2017년 가을
안양 인덕원에서
유재형

20년 한 우물 20억

초판 인쇄 2017년 9월 26일
초판 발행 2017년 10월 13일

지은이   유재형
펴낸이   김승욱
편집   김승관 한지완
디자인   백주영
마케팅   이연실 이숙재 정현민
홍보   김희숙 김상만 이천희
제작   강신은 김동욱 임현식

펴낸곳   이콘출판(주)
출판등록 2003년 3월 12일 제406-2003-059호

주소   10881 경기도 파주시 회동길 210
전자우편 book@econbook.com
전화   031-955-7979
팩스   031-955-8855

ISBN 978-89-97453-92-4 (03320)

———

이 도서의 국립중앙도서관 출판시도서목록(CIP)은 e-CIP 홈페이지(http://www.nl.go.kr/ecip)와
국가자료공동목록시스템(http://www.nl.go.kr/kolisnet)에서 이용하실 수 있습니다.
(CIP제어번호: CIP2017024970)